LIDERAZGO FEMENINO SIN MIEDO

9 ESTRATEGIAS ESENCIALES PARA SUPERAR LOS SESGOS DE GÉNERO, CONSTRUIR CONFIANZA & POTENCIAR TU CARRERA COMO LÍDER

MARGUERITE ALLOLDING

1ª Edición
Autor: Marguerite Allolding
Editorial: She Leads Strategies, LLC

CONTENIDO

INTRODUCCIÓN

¿Sabías que para el año 2020, las mujeres ocupaban en promedio un 19.7% de los puestos en los consejos de administración de varias organizaciones a nivel mundial? Aunque esta cifra es significativa en comparación con el 2.8% desde 2018, aún acentúa la subrepresentación de las mujeres en roles de toma de decisiones de alto nivel (Tina, 2023).

Imagina que estás en una reunión donde tienes estas ideas brillantes para compartir, y por supuesto que las tienes. Sin embargo, son pasadas por alto, solo para ser elogiadas momentos después cuando un colega masculino presenta el mismo concepto. O visualiza la frustración de tener que demostrar constantemente tu valía, trabajando el doble de duro para obtener el mismo reconocimiento y respeto que tus contrapartes masculinos, quienes quizás hayan hecho solo el 30% del trabajo que tú has realizado. Estos escenarios, demasiado familiares, resaltan los desafíos que las mujeres enfrentan en el mundo del liderazgo femenino.

Pero aquí hay otro dato revelador: se proyecta que el mercado de capacitación en liderazgo alcance los asombrosos $26.7 mil millones para el 2024 (Technavio, 2020). Sin duda, la demanda de liderazgo efectivo está en aumento, y las Estadísticas de Liderazgo de 2023 de TeamStage, muestran que el 76% de las personas entre 55-60 años creen que hombres y mujeres pueden liderar por igual (Tina, 2023). Aunque las mujeres continúan enfrentando barreras significativas en su camino hacia la cima, los datos demuestran lo contrario, porque puede y debe haber un futuro inclusivo y equitativo para las mujeres en el liderazgo.

Acompáñame a dar un vistazo a mi pasado, a una fría mañana de invierno cuando me senté en la mesa de conferencias, rodeada por el Equipo de Liderazgo Ejecutivo (ELT).

Siendo una de las tres mujeres y aproximadamente seis hombres en la sala, no pude evitar sentir emoción y temor ante esta reunión crítica. Era un foro para determinar el destino de una de las marcas más influyentes de nuestra empresa, y estaba lista para contribuir con mi experiencia e ideas, como siempre.

A medida que se desarrollaba la discusión, noté un cambio sutil en la dinámica de la sala. Mis colegas masculinos parecían descartar mis sugerencias. Era como si mi voz se desvaneciera en el fondo, ahogada por los ecos de sesgos de género y estereotipos anticuados.

La frustración comenzó a crecer dentro de mí porque sabía que tenía las habilidades, el conocimiento y la pasión para hacer un impacto significativo, y mis contribuciones necesitaban ser más valoradas y notadas, pero no era el caso.

Estos escenarios han mellado la confianza de muchas mujeres a lo largo de los años, porque con esa actitud en el lugar de trabajo, luchan con la duda de sí mismas y el síndrome del impostor, subproductos de décadas de sesgos de género en posiciones ejecutivas. El miedo constante al fracaso y la creencia de que todos están escrutando cada uno de sus movimientos, paraliza la fe en su potencial, sofocando la innovación y borrando el deseo de impulsar nuevas ideas que lleven a las compañías hacia adelante. Cuando anhelas avanzar en tu carrera, pero luchas por encontrar tu propósito y trazar el camino hacia el éxito, es natural sentirte confundida. O cuando anhelas apoyo, colaboración y una red sólida para inspirar y ser inspirada por otros, sabiendo en el fondo que tienes las cualidades necesarias para liderar si solo se te diera una oportunidad, pero nadie lo nota, es desalentador.

A nivel mundial, más mujeres encuentran una falta de capacitación y una exclusión de los procesos de toma de decisiones significativos, dejándolas sentir el peso de la desigualdad de género en sus vidas profesionales. De hecho, algunos colegas y líderes de 35 a 54 años, aún se aferran a sesgos de género arcaicos, resultando en hombres que pasan por alto a las mujeres para promociones, siendo degradadas, o recibiendo un pago desigual en comparación con sus contrapartes masculinos (Greenwood, 2023).

Además, las mujeres que buscan posiciones de liderazgo batallan con inseguridades que las cohíben de hablar y compartir sus ideas brillantes. El miedo a no ser escuchadas o ser descartadas, les impide contribuir con perspectivas innovadoras y sabiduría creativa. Puede que no desarrolles completamente tu inteligencia emocional para enfrentar los desafíos por venir, así que en lugar de intentarlo, permaneces en silencio mientras otros avanzan en sus carreras. Encima de esto, equilibrar el trabajo y la vida personal, se vuelve una lucha constante cuando tratas de nutrir relaciones y mantener un sentido de ti misma en medio de las demandas de tu carrera. El peso de estas prioridades competitivas puede afectarte, llevándote a buscar una forma más efectiva de encontrar el equilibrio entre tu trabajo y tu vida personal, algo que a menudo resulta difícil de alcanzar.

La buena noticia es que, a pesar de la miríada de tensiones y estadísticas preocupantes proporcionadas anteriormente, hay esperanza.

Este libro es un faro de luz para las mujeres que buscan trascender los obstáculos y limitaciones impuestas por los estereotipos sociales. Dentro de estas páginas, descubrirás las herramientas, estrategias e ideas para superar la duda en ti misma, romper esos muros de ladrillo de baja autoestima y convertirte en una líder femenina sin miedo. Necesitas reescribir la narrativa y redefinir lo que significa liderar, comenzando por entender quién eres y dónde comienza tu historia de éxito. Elevarte por encima de las limitaciones, abrazar tu potencial completo y crear un futuro donde tú y más mujeres que aspiran a un liderazgo de calidad ya no sean la excepción, sino la nueva narrativa.

Para lograr todo esto, hay nueve estrategias en las que debes apoyarte en este libro porque, con ellas, lograrás:

1. Aprender a liderar con autenticidad y construir confianza con quienes te rodean.

2. Descubrir todas las habilidades blandas necesarias, como la empatía, la adaptabilidad, la inteligencia emocional y el optimismo, para liderar equipos eficazmente y sortear diferentes obstáculos de la vida.

3. Dominar el arte de la comunicación y las relaciones interpersonales, lo que involucra convertirte en una gran oyente, una oradora persuasiva y una comunicadora no verbal.

4. Convertirte en alguien que toma riesgos, bien preparada para tomar decisiones calculadas que te empujen a ti y a tu equipo hacia el éxito.

5. Colaborar más y trabajar asiduamente con cualquier equipo para aprovechar las fortalezas de cada miembro del mismo y lograr objetivos compartidos.

6. Desarrollar un estilo de liderazgo que se alinee con tu personalidad y valores, mientras logras resultados efectivos.

7. Adoptar una mentalidad de crecimiento para abrazar los desafíos como oportunidades de aprendizaje y expansión de ideas.

8. Encontrar tu *por qué*—la fuerza motriz detrás de tu viaje de liderazgo—para mantenerte motivada y enfocada en tus objetivos.

9. Llegar al núcleo de tu viaje siendo una líder femenina sin miedo, dejando un legado duradero para futuras generaciones de mujeres ansiosas por hacer una diferencia.

Ese es el fin deseado que este libro seguramente te proporcionará. Lo sé porque yo soy la primera en gozar de estos beneficios. Me tomó más de 20 años comprender e implementar mis cualidades de liderazgo para el máximo éxito, y lo creas o no, estas estrategias fueron mi guía.

Una vez que sigas estos pasos con compromiso, crearás una diferencia para evolucionar a una nueva tú.

- Abrazarás una vida libre del miedo al fracaso, convirtiéndola en oportunidades sin límites.

- Surgirá una confianza firme y repentina. Una que te preparará para dar pasos que temías en el pasado.

- Te volverás asertiva y fomentarás un trabajo en equipo innovador que inspire a otros a sobresalir.

- La vida no será acerca de sobrevivir, sino de vivir, ya que lograrás un equilibrio armónico entre el trabajo y la vida personal.

- Obtendrás una renovación en tu mentalidad de crecimiento.

- El camino profesional que buscas se impulsará a alturas inimaginables.

Este viaje transformador continuará a medida que internalices los principios de este libro y lo conviertas en la clave para una carrera en evolución.

Antes de adquirir el conocimiento y las percepciones que estoy compartiendo en este libro, mi camino hacia convertirme en una líder femenina sin miedo estaba plagado de muchos desafíos. Como una mujer casada de 43 años, con dos hijos, y en la bulliciosa área metropolitana de Nueva York, enfrenté las exigentes presiones de equilibrar las responsabilidades familiares y perseguir una carrera exitosa.

Durante dos décadas, transité por varios roles de liderazgo en agencias boutique, pequeñas empresas y grandes organizaciones. Aunque experimenté muchas victorias y logros, también encontré contratiempos y cometí errores. A través de estos ensayos y triunfos, gané sabiduría invaluable y descubrí lo que realmente se necesita para ser una líder sin miedo.

Luché con la duda de mí misma y la incertidumbre, sin la orientación y las percepciones que poseo hoy. Cuestioné mis habilidades y temí las consecuencias del fracaso. La falta de un mapa de ruta hacia el éxito me dejó abrumada e insegura, pero superé estos obstáculos y emergí como una líder confiada y empoderada.

Armada con las lecciones aprendidas de mis experiencias, estoy apasionada por compartir esta información "nueva" contigo. Quiero salvarte de las trampas y desafíos que yo misma enfrenté, y proporcionarte las herramientas, estrategias y mentalidad necesarias, para encarar las complejidades del liderazgo femenino sin miedo y con gracia.

Estoy emocionada de revelar las percepciones que te llevarán más cerca de tus objetivos y te permitirán crear un impacto duradero como una líder. ¿Será difícil el viaje? Por supuesto, sin embargo, el conocimiento y la orientación dentro de estas páginas te equiparán para superar cualquier obstáculo y surgir como una ganadora: la líder confiada e influyente que naciste para ser.

Tomaste este libro, así que estás lista para abrazar tu autoridad, desencadenar tu verdadero potencial y reescribir las reglas del liderazgo femenino. Es hora de que las mujeres asuman su poder y creen un futuro donde la igualdad de género no sea solo un sueño, sino una realidad. Vamos a hacer un impacto duradero y dar forma a un mundo donde las voces de las mujeres sean escuchadas, respetadas y celebradas.

I

EL PODER DE LA AUTENTICIDAD

"Debemos tener el coraje de abrazar nuestro verdadero yo, incluso si se siente desalentador o desconocido."

May Sarton (Citas de Autenticidad (1309 Citas), s. f.)

Puede parecer increíble, pero para la mayoría de las mujeres, luchar a lo largo de los años para crear relevancia para ellas mismas y su trabajo, no ha sido un camino fácil. Mientras la mayoría se esfuerza al máximo para ser escuchadas y vistas, la edición de 2022 de Equality Matters de la BBC, confirma que el 40% de las mujeres en todo el mundo están en la fuerza laboral, el 23% son directoras ejecutivas y el 29% tienen la fortuna de ocupar puestos de alta dirección (Bishop, 2022). Esto puede parecer positivo considerando los números; sin embargo, es preocupante, todo gracias al hecho desconcertante de que la mayoría de las mujeres que poseen un enorme potencial y buscan el espacio perfecto para mostrar su capacidad para trabajar, liderar y entregar, aún están plagadas con la realidad de la discriminación de género.

La discriminación de género ya no es solo un asunto que preocupa a las Naciones Unidas o a las organizaciones centradas en el género y que requiere discusión y evaluación constante. Ha pasado a ser una triste realidad que obstaculiza las oportunidades de las mujeres para expresarse auténticamente, especialmente en el ámbito laboral.

¿QUÉ ES LA AUTENTICIDAD?

Para cualquier líder femenina, la autenticidad consiste en ser honesta, abrazar su verdadero yo y nunca disculparse por lo que representa.

La autenticidad traerá consigo la valentía, porque tu enfoque en lo que eres buena comenzará a mejorar, hasta que te reconozcan como la persona que transforma el juego en el liderazgo.

La publicación del New York Times y una serie de investigaciones, podrían confirmar que las mujeres toman las decisiones más rentables en los momentos más estresantes en el lugar de trabajo. Señala que la tasa de éxito de las mujeres al frente de los asuntos empresariales y al mando de las organizaciones, es mucho más sobresaliente independientemente de las exigencias de ascender en la jerarquía.

La autenticidad de las líderes femeninas es necesaria, pues las empodera para romper límites, desafiar las probabilidades sociales, y permanecer fieles a sí mismas y a su causa. Comienza desde adentro y trasciende a los respectivos roles en su vida personal y ambiente profesional.

Autenticidad en el Lugar de Trabajo

La autenticidad en las mujeres es su boleto para construir confianza en la industria que representan. Una vez que decides ser diferente, única y excepcional, creas para ti misma la oportunidad dorada que abre la puerta del éxito en los negocios y otros beneficios.

Por lo tanto, un buen lugar de trabajo debe cumplir con criterios específicos para que la autenticidad brille y las mujeres puedan ser sentidas, escuchadas y vistas como sus colegas masculinos:

1. **Confiabilidad:** Se debe distinguir a las mujeres como individuos genuinos y confiables, que trabajan duro y son lo suficientemente creíbles para entregar y sostener relaciones rentables con colegas, clientes y partes interesadas. Su autenticidad se basa en la confianza, sinceridad y compromiso con el trabajo y la entrega, lo que resultará en apoyo y conexiones más fuertes.

2. **Diversidad, equidad e inclusión (DEI):** Con la autenticidad viene la diversidad en el lugar de trabajo, la equidad y la inclusión (DEI). Cualquiera que pueda abrazar su verdadera identidad, prepará el escenario para un ambiente

que aprecia, valora y respeta perspectivas, experiencias e identidades diversas. Sentirse segura de ser uno mismo cultiva una cultura laboral de aceptación y pertenencia, donde los individuos pueden contribuir con sus talentos e ideas únicos. Las mujeres necesitan esto para prosperar en su camino profesional, ya que les dará una confianza audaz, firme y valiente en la ejecución de roles.

3. **Integridad:** La autenticidad alinea las acciones con los valores fundamentales. Mantenerte fiel a tus creencias, principios y todo lo que representas, te empuja a tomar decisiones congruentes con quién eres. Una líder femenina de esta categoría, se sentirá realizada e inspirará a otros a su alrededor. Quienes lideran con integridad prestan mucha atención a cómo se presentan ante los demás, y al hacerlo, inspiran confianza, lealtad y respeto, teniendo un impacto positivo en los miembros del equipo en las organizaciones.

4. **Innovación y creatividad:** La autenticidad también promueve la innovación y la creatividad. Llevar tu verdadero yo al trabajo te ayuda a acceder a tus perspectivas y talentos únicos, y en este punto, tu pensamiento innovador se revela y se fomenta. Nada es más atractivo que una líder femenina que conoce sus opiniones y puede compartir ideas frescas, independientemente del resultado. Incluso cuando piensen que no lo tienes, muéstrales que estás rebosante de creatividad y no pararás hasta que vean lo que hay, ingenio.

5. **Ambiente de trabajo cooperativo:** La autenticidad en el lugar de trabajo debe generar un alto nivel de bienestar y satisfacción laboral. Cuando sabes que puedes ser tú misma en el trabajo, es probable que trabajes apasionadamente, porque no solo se consideran tus sentimientos, sino que tu crecimiento profesional es tan significativo para ti como lo es para tu equipo y supervisores, lo cual es refrescante. Te permite encontrar significado y propósito en tu trabajo, lo que lleva a un mayor compromiso y productividad. De esa manera, no hay espacio para el agotamiento que más del 60% de las mujeres experimentan antes de cumplir 40 (Weller et al., 2021). Para las mujeres los retos son altos en su viaje para descubrirse a sí mismas como madres, mujeres de carrera y líderes femeninas, por lo que intentan hacer demasiado para destacar. Pero, siendo auténticas, se adueñan del escenario, creando bienestar y cooperación para ellas en el ambiente de trabajo, obteniendo además satisfacción laboral.

¿Cómo Ser Auténtica?

Para que una líder femenina sea feroz en su rol de liderazgo y muestre autenticidad en la ejecución del mismo, se deben tener en cuenta los siguientes puntos:

- **Identifica tus habilidades:** ¿Cuáles son tus fortalezas y debilidades, y cómo puedes lograr un impresionante índice de éxito? Una vez que comprendas tus cualidades, tu rol será fácil de manejar porque tu confianza y capacidad de comunicación fluirán.

- **Networking:** En el lugar de trabajo y como emprendedora, reconocer tu identidad profesional y establecer una red fuerte que te empodere para mostrar tu experiencia, es primordial. En mis años de trabajo, el poder de las redes de contacto fue una cosa que nunca di por sentada mientras comenzaba a comprender mi lugar en el ambiente laboral. Me dio la identidad profesional que necesitaba para destacar, porque dejé que el compromiso y excelentes relaciones interpersonales guiaran mi viaje. La piedra angular de mi éxito se basó en mi habilidad para hacer networking y cultivar conexiones significativas, sirviendo como impulsores para la finalización efectiva del trabajo. Esa credibilidad y las fuertes relaciones que establezcas, siempre te distinguirán como auténtica y te llevarán a las manos de personas que son transparentes en sus acciones y responsables de sus transacciones.

- **Aprende y crece continuamente:** Supongamos que te estás alejando de grandes oportunidades para brillar y mostrar tus capacidades. En ese caso, es hora de cambiar todo, porque aprender y crecer continuamente se trata de invertir en ti misma convirtiendo errores en prospectos y logros.

Una líder femenina sin miedo siempre debe estar ansiosa por venderse a sí misma a través de su trabajo, valores y logros. ¿Cómo sabrán que importas en el lugar de trabajo si no muestras tus habilidades a ellos?

Haz que vean tu verdadero yo y aprecien tu excepcionalidad, porque siempre vuelve recompensado a largo plazo.

Una vez que comiences de esa manera, puedes ser como Mindy. Inicialmente, luchó con la confianza en el lugar de trabajo, dudando de sus habilidades y temiendo al juicio. Pero un día, se encendió una chispa dentro de ella, y se encontró con historias de mujeres valientes que superaron desafíos similares. Decidida a encontrar su voz auténtica, Mindy buscó mentores de apoyo, asistió a talleres y se conectó con mujeres empoderadoras. Poco a poco, su confianza creció y se dio cuenta de que tenía fortalezas únicas para ofrecer. Con una nueva pasión y autenticidad, Mindy se comprometió a compartir sus ideas y ganarse el respeto de sus colegas. Se convirtió en un faro de inspiración, empoderando a otros para abrazar su poder. El viaje de Mindy mostró el poder transformador de la autenticidad, la pasión, la empatía y el optimismo, demostrando que la confianza puede cultivarse y los sueños pueden alcanzarse.

Pero, para llegar a donde llegó, hay estrategias que cada líder femenina debe aplicar e interiorizar:

1. **Desarrolla el crecimiento interno y personal:** Comienza a invertir en ti misma y enfócate más en el crecimiento personal. No te quedes atascada en el lodo, de esa manera no crearás relevancia. Conecta más a través de talleres, cursos o auto reflexión para entregar mejor tus ideas. Una vez que construyas una red de apoyo, seguirás evolucionando hasta llegar a ese lugar donde te conviertes en la mejor versión de ti misma. Una personalidad con la que la gente disfrutará trabajar y aprender.

2. **Establece seguridad psicológica para ti y para los demás:** Para mantenerte real, vulnerable y honesta, debes crear un espacio seguro que fomente la comunicación abierta, la escucha activa y el apoyo para las ideas y desafíos de cada uno. Esto no debes pasarlo por alto, ya que es el almacén para un liderazgo y rendimiento exitosos. Perspectivas valiosas y diversas promueven comunicaciones y colaboraciones abiertas que motivan a colegas y miembros del equipo a contribuir y obtener el mejor trabajo realizado.

3. **Sé vulnerable, es tu superpoder:** No hay nada de malo en mostrar debilidad a veces. Abraza tus peculiaridades únicas e imperfecciones, porque con ello muestras que eres tú misma; lo creas o no, esto tiene su encanto. Te permites revelarte y te das cuenta de que la apertura era todo lo que necesitabas. Cuando Brené Brown, la profesora estadounidense, dio una charla TED sobre Vulnerabilidad, afirmó que era la puerta de entrada para construir confianza y conexiones más fuertes. Comparte tus pasiones, valores y procesos con tu comunidad de trabajo. Ellos llegarán a ver la verdadera tú y lograrán conectarse contigo a un nivel más profundo.

4. **Poténciate usando la retroalimentación:** Es tu arma secreta para obtener críticas honestas y constructivas que te ayudarán a mejorar y renovarte. Una líder nunca debe temer cómo la gente la juzga a ella o su trabajo. No puede haber crecimiento allí porque si la gente no tiene nada bueno o malo que decir sobre ti o tu trabajo, entonces hay una blandura en tu existencia. La retroalimentación ayuda a la mujer a comprender sus fortalezas, reconocer sus puntos ciegos y refinar su estilo de liderazgo.

5. **Sostén conexiones auténticas:** Construye relaciones genuinas dentro y fuera del lugar de trabajo. Conéctate con personas que te inspiren, compartan tus valores y te eleven. Comienza escuchando atentamente sin ningún sentido de juicio o conclusiones, estando presente y mostrando ese respeto por opiniones y perspectivas de los demás. Las conexiones auténticas son oro puro.

6. **Mantén firmeza en tus fortalezas y debilidades:** Hay mucho que ganar identificando tus lados fuertes y débiles. Aprende de ellos, úsalos, y cuando te rodees de un equipo que te complemente, presta atención a cómo estos caracteres en ti pueden entrar en juego. Según estudios recientes de Gallup, si una persona puede prepararse emocional y psicológicamente para cualquier cosa, se volverá productiva y prosperará en su rol de liderazgo, porque comprende la ciencia de los sentimientos.

7. **Aprende a ser una líder impulsada por valores:** Lidera con tu corazón, define tus valores fundamentales y deja que te guíen tus decisiones y acciones. Sé fiel a ti misma, y el viaje será aún más satisfactorio.

8. **Acepta los errores como peldaños:** Todos cometemos errores a veces, ¡y está bien! Acepta tus errores, sé transparente sobre ellos y aprende de ellos. Todo es parte de ser humana y auténtica.

9. **Practica el amor propio y el autocuidado:** Eres una líder sin miedo, y como mujer, necesitas autocuidado. Priorízate, siempre. Tan crucial como puedan ser tus metas profesionales, será tomarte tiempo para el autocuidado recarga tu energía y date un poco de afecto.

FOMENTA LA AUTENTICIDAD

Muchas personas no lo admiten, pero cuidar de ti misma te hace lo suficientemente confiada como para hablar libremente sobre cualquier cosa. No te atemorizas porque has crecido y ahora estás lista para ayudar a otros individuos a encontrarse a sí mismos en su camino hacia un liderazgo auténtico. Puedes fomentar la autenticidad de las siguientes maneras:

1. **Lidera con el ejemplo:** Recuerda, estás siendo observada; todo lo que haces puede inspirar o disuadir a otros en sus decisiones. Así que, lidera con el ejemplo; podrías guiar e inspirar a miles. Cada una de tus acciones, inacciones o interacciones, será un determinante significativo de cómo las personas responderán a los problemas y su decisión de ser genuinamente transparentes al hacer de la autenticidad su lema. Tu vida ejemplar es su modelo de ejecución.

2. **Lidera con inclusión:** El liderazgo inclusivo es otro aspecto vital para fomentar la autenticidad. Crea un espacio seguro y acogedor donde se escuchen y valoren todas las voces. Abraza perspectivas diversas y fomenta un diálogo abierto donde las conversaciones y las inhibiciones se pronuncien sin miedo ni reservas. Cuando las personas se sienten incluidas y aceptadas, es más probable que se sientan cómodas expresando su verdadero yo.

3. **Promueve la autenticidad:** La autenticidad debe extenderse más allá de tu comportamiento, hacia tus productos y servicios. Promover la autenticidad alineando tus ofertas con tus valores centrales, es crucial para una emprendedora. No vendas algo que personalmente no comprarías para demostrar que tienes el poder de hacerlo. Deja que tus productos y servicios reflejen tu respeto por la autenticidad, y los clientes apreciarán tu integridad.

4. **Comparte tu historia:** Además, compartir tu propia historia y éxitos puede ser increíblemente empoderador. Independientemente de cuán pequeños o grandes puedan parecer tus logros, demuestran que la autenticidad conduce a resultados positivos. Ser vulnerable y abierta acerca de tu viaje, inspirará a otras a abrazar sus caminos únicos y sentirse orgullosas de sus logros. Kamala Harris es una mujer que, a través de su autobiografía, "The Truths We Hold: An American Journey," habló abiertamente sobre su carrera política y los obstáculos que superó para alcanzar su destino. Hoy, su historia empodera a las mujeres a saber que pueden romper barreras y alcanzar sus expectativas de liderazgo, una

vez que están determinadas y enfocadas.

5. **Construye conexiones auténticas:** Recuerda mezclar negocios y placer cuando sea necesario. Construir relaciones auténticas significa mostrar un interés genuino en los demás como individuos, no solo como colegas o clientes. Encuentra puntos en común, comparte anécdotas personales y fomenta un espíritu de equipo. Hallar el equilibrio entre la vida laboral y personal será dinámico y emocionante. La confianza y la autenticidad siguen naturalmente cuando los individuos sienten una conexión personal juntamente con la satisfacción laboral, sin asumir que deben abandonarse a sí mismos por el servicio, con lo cual obtendrás un aprecio por tu liderazgo.

6. **Sé Transparente:** En tus esfuerzos de marketing, enfócate en un mensaje responsable y transparente, comercializa de manera juiciosa entregando información imparcial y precisa a tu audiencia. No hagas promesas que no puedas cumplir o tergiverses tus productos o servicios. La autenticidad en el marketing construye confianza y lealtad entre los clientes.

7. **Sé Consistente:** La consistencia es vital para promover la autenticidad. Sé consistente en tus palabras, acciones y valores. La inconsistencia genera confusión y erosiona la confianza. Cuando alineas constantemente tu comportamiento con tus creencias, las personas te verán como alguien digna de confianza.

8. **Sé Responsable:** Ser receptiva y responsable es esencial para fomentar la autenticidad. Dale a las personas la atención y el apoyo que merecen; responde prontamente a las consultas, comentarios y preocupaciones; asume tus errores y aprende de ellos. La responsabilidad demuestra integridad y un compromiso con hacer lo correcto, sin importar la eventualidad.

Además de estos consejos, lo más importante es reconocer que la clave para cada líder femenina es comprender que la autenticidad comienza y termina con ser fiel a tí misma y empoderar a otros. Una vez que persigues tus objetivos de ambas maneras, el potencial para el éxito es ilimitado.

2

INTELIGENCIA EMOCIONAL

"La inteligencia emocional es el poder innato dentro de nosotros, una fuerza que trasciende lo tangible. Nos empodera para navegar hábilmente las profundidades del comportamiento humano, abrazar sin esfuerzo las complejidades sociales y tomar decisiones auténticas conscientemente que manifiestan resultados notables.

Travis Bradbury (Lonczak, 2023)

En el ascenso para convertirte en una líder exitosa, no puedes dejar nada al azar. Una vez allí, se esperan muchas cosas de ti, pero lo más importante, tu capacidad para superar obstáculos y manejar situaciones, infundirá seguridad a tu equipo acerca del futuro. Por lo tanto, el enfoque comienza en cómo respondes a las diferentes manifestaciones emocionales que surgen de encuentros, confrontaciones y networking. Debe haber una manera adecuada de equilibrarlo todo y mantenerte adelante como una líder única. Ahí es donde surge la inteligencia emocional.

Entendamos lo dicho anteriormente con un ejemplo de mi trayectoria profesional: En un escenario desafiante entre los miembros de mi equipo y yo, enfrentamos un plazo crucial para una reunión de la Junta de Directores, donde debíamos presentarnos frente a los altos ejecutivos de nuestra empresa matriz en Japón, y el estimado equipo de liderazgo ejecutivo. La presión aumentaba, causando que los niveles de estrés se dispararan y las emociones se intensificaran. Con tiempo limitado para preparar nuestra presentación, era esencial impresionarlos con el notable progreso que habíamos hecho desde nuestro último encuentro. Reconociendo la importancia de este momento, elegí liderar con un enfoque más auténtico y de apoyo, fomentando una conexión en lugar de recurrir a un comportamiento autoritario o dominante. Creía firmemente que abrazando nuestras fortalezas colectivas y nutriendo una atmósfera positiva, podríamos conquistar cualquier desafío y emerger victoriosos. Nos embarcamos en esta reunión crucial con determinación y optimismo, listos para mostrar nuestros logros y ganar corazones.

Primero, escuché a los miembros de mi equipo para entender todas sus preocupaciones, y luego, al reconocer sus sentimientos, validé sus experiencias. No lo hice para caer bien; quería probar cómo la empatía los haría sentir lo suficientemente seguros como para ser honestos en sus opiniones durante los diálogos abiertos. Aunque todo parecía caótico, con tantas opiniones volando por la sala, todavía tenía que mantener la calma y manejar mis emociones. Esto me permitió facilitar conversaciones constructivas, animándolos a todos a colaborar, compartir perspectivas y encontrar puntos en común.

Mi enfoque hacia la situación inspiró a los miembros de mi equipo; les dio una idea de la importancia de la inteligencia emocional y cómo ésta es una herramienta vital para cualquier líder que desea que su equipo sea productivo. Las estadísticas mostraron que en investigaciones realizadas por 80 científicos a lo largo de 40 años, era evidente que la inteligencia emocional era y es aún, una habilidad más demandada que la técnica, ya que proporciona satisfacción y garantiza la productividad.

¿QUÉ ES LA INTELIGENCIA EMOCIONAL?

No es un elemento científico, sino una habilidad que permite a los individuos comprender y manejar sus propias emociones y las de los demás. Como líder femenina, juega un papel crucial en el lugar de trabajo, tu capacidad para percibir y regular efectivamente las emociones y las relaciones interpersonales. Con inteligencia emocional se puede:

- **Construir relaciones sólidas**—como líder femenina que comprende y empatiza con las emociones de los miembros de tu equipo, podrás fomentar relaciones positivas basadas en la confianza, el respeto y la colaboración. Lograr esa conexión emocional en tu recurso humano mejorará la comunicación y el trabajo grupal.

- **Tomar decisiones informadas**—como líder femenina con inteligencia emocional, considerarás cómo tus elecciones podrían afectar a otras personas y equipos. Puedes sopesar diferentes perspectivas, manejar conflictos de manera constructiva y tomar medidas para equilibrar las necesidades de la organización con el bienestar de sus empleados.

- **Inspirar y motivar**—como líder femenina con alta inteligencia emocional comprendes, impulsas y motivas a los individuos. ¿Por qué? Porque has pasado mucho tiempo observándolos, escuchándolos y conectándote con ellos, ahora reconoces las luchas y deseos que la gente tiene. Esto te facilitará la comunicación efectiva de objetivos y expectativas que resuenen con las emociones y aspiraciones de tu equipo. Además, los empleados sentirán que pueden apoyarse en tu liderazgo para obtener ayuda y orientación, mientras aspiran a ascender en la industria, convirtiéndote en un perfecto modelo a seguir.

- **Manejar desafíos**—con la resiliencia y la adaptabilidad para manejar desafíos y contratiempos, puedes tener una inteligencia emocional bien cultivada. Al enfrentar situaciones difíciles, puedes mantener tu fuerza y ejercer tu liderazgo para apoyar lo suficiente a los miembros de tu equipo y así sobrellevar el estrés y superar obstáculos. La capacidad de manejar desafíos viene con una confianza estratégica y resistencia obtenida a través de una serie de transiciones y transformaciones.

- **Promover una cultura de trabajo inclusiva y positiva**—esta es la era de la diversidad e inclusión, y es necesario que como líder femenina crees un ambiente de trabajo positivo con este enfoque. Con inteligencia emocional asegurarás que nadie quede excluido al construir una cultura de trabajo a largo plazo y satisfactoria. Serás una líder sintonizada con las necesidades emocionales de los miembros de tu equipo y promoverás una cultura de empatía, seguridad psicológica y apoyo mutuo. Esto contribuirá a un mayor compromiso de los empleados, satisfacción y bienestar general, tanto para ti como para ellos.

En el estudio del renombrado autor Daniel Goleman, presentó los pilares de la inteligencia emocional como características de personalidad que se nutren con el tiempo, mediante el autoestudio, la disciplina y la intencionalidad. Compartió la autoconciencia, la autorregulación, la motivación, la empatía y las habilidades sociales. Estas son las bases de las relaciones interpersonales efectivas, la comunicación y el liderazgo organizacional, y las investigaciones adicionales muestran que los líderes con alta inteligencia emocional, tienen más probabilidades de inspirar e influir positivamente en sus equipos, lo que conlleva a un mejor rendimiento. Una líder femenina que demuestra finura en la ejecución de la responsabilidad y la interacción con las masas, comprueba lo relevante y fascinante de la inteligencia emocional.

Discutamos con más detalle lo que representan estos componentes:

1. **Autoconciencia:** Reconocer las propias emociones, fortalezas, debilidades, valores y motivaciones. La autoconciencia permite a los individuos entender cómo sus sentimientos influyen en sus pensamientos, comportamiento y en quienes los rodean. Pueden ser efectos internos o externos que experimentas a partir de uno de estos comportamientos; sin embargo, el hecho real es que ser autoconsciente te da ventaja en el enfoque de la inteligencia emocional como líder.

2. **Autorregulación:** Este componente trata sobre la gestión efectiva. Cualquier líder femenina que sepa cómo controlar estratégicamente sus emociones, impulsos y reacciones, adaptarse al cambio y mantener la calma en situaciones desafiantes, puede estar segura de que su autenticidad brillará a través de su dominio propio.

3. **Empatía:** Se trata de cómo te conectas con las emociones de los demás. Como jefa, tienes un caso peculiar de un empleado cuyo turno acordado afecta su salud mental y su capacidad para trabajar productivamente; ¿Cómo lo abordarías? ¿Lo reemplazarías de inmediato porque su negligencia podría costarte un contrato de varios millones de dólares, o conectarías con su dificultad encontrando formas de mitigar la situación o al menos llegar a un acuerdo razonable? Aquí es donde entra en juego la cuestión del liderazgo empático. Implica escuchar activamente, observar las señales no verbales y poder ponerte en el lugar de la otra persona. Tu rol como líder, debe conducirte a la empatía y a conectar con otros a un nivel emocional que te lleve a responder compasivamente.

4. **Habilidades sociales:** Esto abarca una gama de habilidades relacionadas con la comunicación efectiva, la construcción de relaciones y el trabajo en equipo. Este componente implica comunicarse claramente, resolver conflictos, colaborar e influir positivamente en otros. Las fuertes habilidades sociales, facilitan relaciones saludables y productivas. Además, la mayoría de los estudios revelan que las habilidades sociales pueden contribuir a tus habilidades intuitivas. Tu sentido de predicción y previsión en leer a las personas y situaciones, se fortalece y se vuelve más distintivo debido a tus conexiones con la gente. De alguna manera, es como si hubieras visto un escenario desarrollarse varias veces y pudieras

predecir cómo resultará, lo que te prepara, te hace consciente y emocionalmente en control.

5. **Motivación:** Es el impulso y entusiasmo para alcanzar metas personales y profesionales. Implica establecer objetivos desafiantes, tener un sentido de propósito y mantener el optimismo incluso ante obstáculos. Las personas motivadas son resilientes y proactivas en la búsqueda de sus aspiraciones.

Según investigaciones realizadas por Future Talent Learning, la inteligencia emocional importa en el liderazgo debido a su capacidad para influir positivamente en la estrategia y la toma de decisiones. Los líderes con una vital inteligencia emocional pueden manejar situaciones complejas, adaptarse al cambio y tomar decisiones informadas, considerando el bienestar organizacional y de los empleados. Esto promueve un ambiente de trabajo de cooperación e inclusivo, fomentando el compromiso y la satisfacción.

¿Cómo Manifestar la Inteligencia Emocional?

Entonces, ¿cómo se manifiesta la inteligencia emocional? Involucra comunicarse asertivamente, resolver conflictos de manera constructiva y manejar situaciones estresantes con compostura. Una vez que estos están en su lugar, un sistema organizacional funcionará efectivamente. Cualquier líder que aspire a alcanzar todas estas características y más para prosperar puede hacerlo, pero viene con un proceso de aprendizaje. Una vez que entiendas cómo ser emocionalmente inteligente para tener éxito tanto en tu vida personal como profesional, el próximo paso es aplicar estos consejos siempre que puedas.

Los nueve consejos de oro para alcanzar la inteligencia emocional son:

1. **Sé comunicativa:** Ser auténtica es comunicar claramente tus emociones a tus empleados. Deja que comprendan lo que no dices y lo que haces en cualquier oportunidad dada. Hace que el ambiente se mueva coordinadamente porque tu equipo puede tomar decisiones basadas en su comprensión de tus disposiciones emocionales. Han trabajado contigo durante mucho tiempo y pueden predecir el enfoque más adecuado para cualquier situación, independientemente de tu ausencia o presencia.

2. **Sé autorreflexiva:** Para cultivar la inteligencia emocional, conocerte, entenderte y leerte a ti misma es crítico; de esa manera, las personas se conectan contigo fácilmente. Destilas autenticidad si te tomas el tiempo para reflexionar y ser

consciente de quién eres y qué representas en términos de emociones, fortalezas, debilidades y enfoque. El impacto en los demás es profundo ya que absorben tu carácter; pueden verte logrando la sincronización en el rendimiento laboral.

3. **Sé atenta:** Cuando desees genuinamente probar tu capacidad de lectura emocional, organiza reuniones y talleres en donde puedas evaluar el nivel de pasión de los individuos. Sí, es un ambiente de trabajo, pero eso no significa que no esté abierto a tener una atmósfera emocional de desacuerdos, sensibilidades e indiferencia. En las relaciones humanas son naturales estos sentimientos, y una líder emocionalmente inteligente puede escuchar atentamente, observar el ritmo de las discusiones y tomar decisiones que puedan mediar y satisfacer a todos. Como resultado, se sentirán escuchados, apreciados y valorados.

4. **Sé imaginativa:** Muchas personas te aconsejarán que te pongas en su lugar; eso es difícil, considerando que nadie sabe qué tan apretados o sueltos están los zapatos del otro. Siempre digo que mantengas tu imaginación amplia para ayudarte a ver las cosas desde una perspectiva realista. Si fueses un CEO masculino, y recibes un informe de empleado en tu escritorio cada dos semanas, sobre una mujer embarazada enfermiza que se está quedando atrás en sus proyectos, no podrás ponerte en sus zapatos (sabemos por qué); sin embargo, si imaginas tener una esposa, trabajando con todo su corazón para ser valorada a pesar de su condición, entonces aprenderás a mostrar empatía por la situación de una empleada embarazada que hace todo lo posible por trabajar duro. La inteligencia emocional te hace una persona de compasión y apoyo para tus empleados, lo que automáticamente significa éxito laboral.

5. **Fomenta la colaboración:** Crea un ambiente donde no haya una gran brecha entre tú como líder y tus empleados. Tan a menudo como sea posible, el trabajo en equipo debe ser para que todos se sientan valorados y necesarios. Con la colaboración vienen perspectivas diversas donde se empodera a los individuos para contribuir con sus fortalezas únicas y ser abiertos sobre sus debilidades, para que todos se complementen entre sí y maximicen las ganancias.

6. **Muestra pasión y optimismo:** El entusiasmo, la dedicación y la positividad por tu trabajo pueden inspirar a tu equipo a compartir tu pasión y esforzarse por la excelencia. El liderazgo apasionado motiva y energiza a quienes te rodean, enviando una vibra cada vez que estás presente. Incluso si los empleados van a hacer horas extras, lo harán felizmente, sabiendo que tienen una líder que

asegurará que estén bien compensados y será colaboradora y optimista durante todo el tedioso proceso.

7. **Promueve el equilibrio entre el trabajo y la vida personal:** Reconoce la importancia del bienestar y promueve entre los miembros de tu equipo una atmósfera saludable y equilibrada entre el trabajo y la vida personal. Dales tiempo libre, horarios flexibles y proporciona recursos para manejar el estrés, como una pequeña sala de juegos, un rincón para siestas cortas o incluso una hora feliz mensual donde los empleados puedan reunirse para relajarse y compartir historias; esto une a los colegas con sus jefes y crea una red completamente nueva de relaciones interpersonales, un pilar vital de la inteligencia emocional.

8. **Lidera con el ejemplo:** Modela los comportamientos y valores que esperas de tu equipo. Conocerán los estándares esperados una vez que muestres integridad, equidad y conducta ética mientras estableces confianza y respeto. Nada más, nada menos. Como mujer que anhelaba estar del mejor lado de mis colegas y algún día ser mi propia jefa, siempre apunté a liderar con el ejemplo, y para mí, se trataba de asumir la responsabilidad de mis errores y admitir cuando estaba equivocada. Quería que la gente a mi alrededor me dijera mis puntos débiles, y en el momento en que mostré esa vulnerabilidad, fomentó un ambiente de responsabilidad, crecimiento y libertad.

9. **Toma decisiones informadas:** Mucho pesa sobre los hombros de la mayoría de los líderes. En el caso de una líder femenina que intenta hacer que sus empleados respeten su rol y aprecien su contribución, puede ser aún más exigente. Sin embargo, la regla no cambia sino que se actualiza. Sus decisiones en cualquier caso presentado deben provenir de un lugar de comprensión emocional donde entienda y evalúe todos los lados, permaneciendo firme hasta que emerja el mejor resultado. Este consejo es el más importante porque muestra autenticidad para liderar con justicia y no ser prejuiciada por ninguna perspectiva.

CÓMO UTILIZAR LAS EMOCIONES SABIAMENTE

Una característica esencial de una líder exitosa, es aprovechar las oportunidades de utilizar las emociones sabiamente para pensar profundamente, y abordar los problemas de manera inteligente y estratégica, tanto que la mayoría de los empleados e individuos no saben qué esperar. Es una habilidad nacida de ser coherente, diplomática y orientada a resultados.

Pensamiento Estratégico y Resolución de Problemas

El pensamiento estratégico es una habilidad que permite a los líderes visualizar el futuro y desarrollar un plan de acción efectivo para alcanzar los objetivos organizacionales. Implica considerar las metas a largo plazo, evaluando la misión y visión anticipadas de cualquier proyecto, revisando los posibles obstáculos que podrían surgir, independientemente de lo bueno que pueda parecer el plan, e identificando oportunidades de crecimiento. Para hacer esto con éxito, se requiere de muchos datos y recursos del pasado y presente para el análisis, evitando ser subjetiva en las conclusiones y crítica en los hallazgos. Las mujeres líderes que están en contacto con sus emociones y comprenden el poder del pensamiento crítico, a menudo exhiben fuertes habilidades estratégicas, ya que tienen una visión clara y pueden transitar por complejos paisajes empresariales.

Para mejorar las habilidades de pensamiento estratégico, se deben considerar varios enfoques.

- Primero, es esencial una comprensión profunda del propósito y los valores de la organización. ¿Cuál es la misión, visión, objetivos y plan de tracción de la compañía? Esta claridad ayuda a alinear la toma de decisiones con cada otro aspecto del objetivo deseado de la empresa.

- Segundo, los pensadores estratégicos efectivos recopilan activamente información, analizan tendencias y buscan perspectivas diversas para tomar decisiones informadas. Pueden anticipar obstáculos potenciales y desarrollar soluciones innovadoras considerando múltiples puntos de vista. Debe haber una perspectiva bifocal sobre todo para ver el panorama completo.

- Tercero, son orientados al futuro y adoptan una mentalidad de crecimiento. Permiten el cambio y están dispuestos a tomar riesgos calculados. Esta mentalidad les permite aprovechar oportunidades y adaptar sus enfoques en consecuencia. Una publicación de Forbes afirmó que, aunque las mujeres muestran más mentalidad de crecimiento y apertura que los hombres en el lugar de trabajo, están subrepresentadas en el rol de CEO, y su capacidad de pensamiento estratégico se manifiesta más tarde en la vida. Esto podría deberse a que su nivel de confianza se ve afectado, o el impulso abrumador de demostrar, a veces quita el enfoque para producir un pensamiento profundo. Es por eso que cultivar fuertes habilidades de comunicación y colaboración es esencial para el pensamiento estratégico efectivo de las líderes femeninas. El diálogo abierto y la colaboración cierran brechas problemáticas y ayudan a los líderes a construir consenso donde sus nuevas ideas y valiosos conocimientos de otros, se combinan y se presentan en la mesa para crear lo que funciona para el tiempo presente y futuro.

Después de años de haber ascendido y convertirse en su propia jefa, una CEO líder de una empresa de Bienes de Consumo Empaquetados (CPG, por sus siglas en inglés) dijo lo siguiente sobre la relevancia de ser estratégica como líder:

"El pensamiento estratégico surge de un profundo conocimiento de tu negocio y los factores que dan forma a tu mercado, consumidores y proveedores. Va más allá del entendimiento a nivel superficial y requiere una comprensión detallada de los procesos que impulsan tu empresa. Al profundizar en los detalles, obtienes información invaluable y evitas que los intermediarios nublen tu juicio. Entender a un nivel detallado te empodera para manejar las dinámicas políticas, evitar agendas ocultas y tomar decisiones informadas. Adoptar este enfoque es esencial para mantenerse bien informado y cumplir efectivamente con tu rol."

Resolución de Problemas

Con el pensamiento estratégico se cumplen varios pilares del liderazgo, desde ser organizada, orientado a los detalles y enfocado, hasta convertirse en lo mejor de todo, una solucionadora de problemas.

La gente anhela tener líderes que puedan resolver sus problemas, prestar atención y ofrecer el mejor enfoque para que todos salgan del campo de batalla con una sonrisa. La **resolución de problemas** más que un talento, es una habilidad de liderazgo crítica que empodera a los individuos para abordar desafíos, tomar decisiones informadas e impulsar un cambio organizacional positivo. Las líderes femeninas exitosas demuestran habilidades de resolución de problemas cuando combinan el pensamiento analítico con la creatividad y la inventiva, y abordan los problemas con confianza, persistencia y una mentalidad empática. ¿Te interesa saber por qué? A continuación un ángulo científico explorado donde se trata la resolución de problemas entre un hombre y una mujer: En una investigación realizada por Harvard en 2001, la evidencia mostró que el lóbulo frontal y la corteza límbica del cerebro femenino, responsables de las respuestas de resolución de problemas y conducta emocional, eran más prominentes que en el masculino. Esto confirmó por qué las mujeres siempre muestran una tasa de sensibilidad más alta al manejar problemas. Tienden a evaluar a todas las personas y apuntan de la mejor manera posible a no herir a nadie. Es un reflejo compasivo que puede ser fructífero pero a veces limitante cuando se trata de satisfacer a todos.

Para resolver problemas de manera efectiva como líder, un enfoque estructurado puede ser útil. Una vez que se presenta un problema, una líder no debe tratar de probar su autonomía para tomar decisiones, ya que esto puede resultar mal. Hay pasos para hacer que la solución sea significativa y auténtica.

1. **Definir:** Primero, define el problema observando ambos lados para asegurar una comprensión completa de la situación.

2. **Recopilar información:** Segundo, recopila información relevante. Cada circunstancia ocurre con escenarios, hechos y cifras que serán analizados exhaustivamente. Si un empleado viene con una queja sobre un colega o cliente, se debe utilizar evidencia sustancial, datos, retroalimentación y perspectivas de las partes interesadas para medir y evaluar la veracidad y la gravedad de la situación.

3. **Lluvia de ideas:** Luego viene la parte complicada, idear las soluciones adecuadas. Un estudio de una activista de mujeres anónimas afirmó que, debido a que una mujer posee una naturaleza empática de prestar atención al comportamiento emocional de todos en cualquier situación dada, intenta presentar varias soluciones en la mesa. Considerando todas las variables, identifica un enfoque más inclusivo, evaluando su viabilidad, resultados potenciales y alineación con los objetivos organizacionales. En el momento en que todos están verificados, el siguiente paso es la implementación efectiva.

4. **Implementar:** Implementar las soluciones muestra que la comunicación y colaboración con las partes interesadas se ha ejecutado y hay apoyo y compromiso activo.

5. **Reflexionar:** Finalmente, reflexiona sobre el proceso de resolución de problemas, identificando lecciones aprendidas y oportunidades de crecimiento. Esta práctica reflexiva mejora las futuras habilidades de resolución de problemas, para que nada quede al azar.

Confianza e Integridad

La confianza es una característica crucial de una líder femenina sin miedo. Cuando confías en ti misma, confías en tu capacidad y audacia para tomar decisiones acertadas, lo cual es una enorme inspiración para los demás. Las líderes seguras irradian autoconfianza, infunden confianza y motivan a sus equipos a alcanzar la grandeza. Sobre todo, cuando una mujer exhibe esa aura de firmeza y seguridad, es una fuerza para combatir las discriminaciones que muchas mujeres sufren en el lugar de trabajo .

¿Cuánta fe tienes en ti misma? La mayoría de las líderes de hoy llegaron a tener éxito en su posición porque estaban rodeadas de personas que veían su potencial y las impulsaron a ir un paso más allá, o estaban determinadas a superar las adversidades silenciando a los detractores y centrándose en elevar sus sueños un escalón más. Nunca es fácil una vez que das el primer paso, pero es una vida de valentía y seguridad cuando lo intentas.

Para cultivar la confianza, hay varias estrategias a considerar, y puedes comenzar con tu postura corporal externa:

¡Mantente Firme!

¿Cómo te paras frente a las personas? ¿Muestras tu miedo mental exteriormente mirando hacia abajo, asustada y un poco retraída en tu lenguaje corporal? Eso dice mucho. Para superar esto, el primer paso es no tomar cada situación tan en serio. Como diría Gabourey Sidibe, la actriz estadounidense que llama la atención con su figura de talla grande, "Un día decidí que era hermosa, y así llevé mi vida como si fuera una chica hermosa". Para ella, como debería ser para la mayoría de las personas, una vez que te importa menos cómo te ven y te tratan los demás, y das todo de ti a lo que tienes por delante, los nervios se desvanecen lentamente, creando espacio para que la confianza brille. A continuación, una mentalidad de crecimiento es esencial, donde los desafíos se ven como oportunidades para aprender y establecerse. Las líderes femeninas exitosas entienden que los contratiempos y los fracasos son parte del viaje y los utilizan como trampolines para el éxito futuro.

¡Supérate Siempre!

Siempre necesitas más conocimiento para hacerte una líder perfecta que ha alcanzado el pico de su carrera. No importa la cantidad de éxito acumulado, una líder siempre busca obtener nuevas ideas y estar un paso adelante de cada nuevo desafío. Esto viene con leer materiales más innovadores y escuchar a las personas y sus opiniones. Te resultará fácil generar ideas auténticas y compartirlas, porque estarás bien informada y preparada intelectualmente para contribuir a cualquier discusión con confianza.

¡Busca Retroalimentación!

Buscar retroalimentación y aprender de otros es otra forma de aumentar la confianza. Busca activamente mentoría o guía de personas de confianza que puedan proporcionarte perspectivas y apoyar tu crecimiento. Al abrazar el aprendizaje y la mejora continua, desarrollas nuevas habilidades y expandes tu base de conocimientos, mejorando tu confianza en tus capacidades.

¡La Actitud lo Es Todo!

Mantener una actitud positiva y celebrar los éxitos, no importa cuán pequeños sean, muestra que no ves las cosas de manera miope. Cuando te das crédito reconociendo logros y progresos, visualizarás el éxito y establecerás objetivos realistas con confianza.

¡Sé Transparente!

Aquí se cuestionan los principios morales de un líder. Para una líder femenina sin miedo, se trata de transparencia, actuar éticamente en todas las circunstancias y mantener los valores fundamentales. Todo esto parece difícil; sin embargo, las líderes que demuestran integridad inspiran confianza, credibilidad y lealtad en sus equipos y partes interesadas. Se trata de hacer lo correcto, independientemente de lo que digan las personas o las tentaciones que puedan intentar desviarte de tu camino.

Para liderar con integridad, debes comunicarte honesta y transparentemente. Deja que los empleados vean esa apertura en ti cuando se pasa información, de esa manera no tendrán motivos para sospechar de juego sucio o agendas ocultas. Investigaciones recientes demuestran que alrededor del 60% de las CEO femeninas, fomentan la confianza y la transparencia dentro de su equipo, ya que no se contienen en la muestra de emociones (Tina, 2023). Aunque algunos pueden ver esto como una debilidad, la sensibilidad es un activo para construir integridad y ganar credibilidad.

¡Sé Responsable!

Otro activo es ser responsable de tus acciones, buenas o malas, y asumir el resultado. Cuando ocurran errores, prepárate para enfrentar las consecuencias en lugar de dar excusas y hacerte la víctima. Demuestra la voluntad de aprender, crecer a partir del percance, superarlo y estar lista para hacerlo mejor. Una regla prominente que los representantes de servicio al cliente mantienen firmemente es: "Toma el próximo vuelo disponible para llegar al destino correcto". Esto simplemente significa que cuando intentas satisfacer la necesidad de un cliente enojado y parece obstinado en sus elecciones, toma la sabia decisión subsiguiente de escalar el problema a tu supervisor. Muestra tu compromiso con el éxito laboral y el deseo de mejorar cuando surja otra situación. Esta autenticidad y vulnerabilidad fomentan una cultura de integridad y mejora continua.

¡La Comunicación Es la Clave!

Finalmente, promueve una comunicación abierta y respetuosa en todos los escenarios, especialmente en aquellos donde debes ser sincera y firme en tus decisiones. Es normal y vital que las personas se sientan satisfechas con líderes que fomentan perspectivas diversas, respetan todas las opiniones, y actúan en concordancia con lo que dicen.

Persistencia, Determinación y Resiliencia

Estas son cualidades esenciales de líderes exitosos, especialmente para las mujeres que gestionan sus carreras y buscan dejar un impacto duradero en sus respectivos campos.

Persistir alimenta el impulso de seguir adelante, incluso cuando se enfrentan desafíos. Es mantenerse firme en una dirección con la creencia inquebrantable de que con perseverancia, todo es alcanzable, sin importar los obstáculos. Los contratiempos son el combustible que impulsa a las líderes mujeres exitosas a elevarse aún más en su camino hacia la grandeza. Difícilmente conocerás a una mujer que ascendió sin esa personalidad que es persistente hasta la médula. La persistencia no es un carácter natural; es una mentalidad de aprendizaje. A través del esfuerzo continuo y la negativa a rendirse, cualquiera puede allanar el camino para el crecimiento y el logro.

Para potenciar la persistencia, hay estrategias prácticas a considerar:

¡Clarifica Tu Visión!

Tener una visión clara de tus objetivos y recordarte regularmente tu propósito debe ser un mantra para ti. El objetivo es adoptar una mentalidad de crecimiento, viendo los desafíos como oportunidades que pueden llevarte al nivel revolucionario de tu vida. Una revisión de grandes mujeres como J.K Rowling, Martha Stewart y Madam Walker, te dirá que la persistencia siempre paga cuando prestas atención al producto final de tu deseo.

¡Busca Apoyo!

Además, rodéate de una red de apoyo de mentores y compañeros que te inspiren y te eleven para responder mejor a las circunstancias incómodas. Puedes aprovechar la persistencia y lograr resultados notables manteniéndote enfocada, buscando apoyo y superando la adversidad, lo cual construirá otro personaje notable de interés; la determinación.

¡Sé Determinada!

La determinación es otra cualidad crucial que impulsa hacia adelante a las líderes femeninas intrépidas una vez que se proyectan en el curso de acción correcto. Implica un compromiso incansable, resiliencia y el impulso de perseverar a pesar de los obstáculos. Las líderes determinadas tienen un claro sentido del propósito y una creencia inquebrantable en sus habilidades. Toman acciones decisivas, persiguen incansablemente sus metas e inspiran a otros con dedicación inquebrantable.

Para cultivar la determinación en tu carrera, considera consejos prácticos, cómo establecer objetivos claros y específicos, desglosarlos en pasos accionables y seguir tu progreso. Rodéate de influencias positivas y busca modelos a seguir que encarnen la determinación y te inspiren. Abraza los desafíos como oportunidades de crecimiento personal y profesional, y celebra incluso las victorias más pequeñas. Al nutrir la determinación, forjarás tu camino con resolución inquebrantable y harás un impacto duradero.

¡Sé Resiliente!

¿Alguna vez te encontraste con una líder femenina tan obstinada sobre sus creencias y principios, haya sido apreciada o no? Eso se llama *resiliencia*. La capacidad de adaptarse, recuperarse y reponerse de la adversidad. Las líderes resilientes poseen fuerza interior y la capacidad de afrontar cambios, contratiempos y estrés con gracia. Mantienen su compostura, inspiran a sus equipos y encuentran soluciones innovadoras para superar desafíos.

Para volverte más resiliente, enfócate en desarrollar cuatro áreas centrales: resiliencia física, mental, emocional y espiritual. Esto implica cuidar tu bienestar físico, fomentar una mentalidad positiva, construir inteligencia emocional y conectar con un propósito. Practica el autocuidado, busca apoyo en tu red y abraza una mentalidad de crecimiento que vea los contratiempos como oportunidades para aprender y crecer. Al nutrir la resiliencia en todos los aspectos de tu vida, estarás mejor equipada para manejar las demandas del liderazgo. Verás el mapa de ruta de tus objetivos antes de que cobren vida, si aplicas otro poderoso rasgo de carácter: la visión.

Pensamiento Visionario e Innovación

El pensamiento visionario y la innovación, son cruciales para las líderes femeninas aspirantes que quieren impactar significativamente en sus carreras e industrias. Al abrazar la visión y fomentar la innovación, las líderes mujeres pueden impulsar cambios positivos, crear oportunidades e inspirar a quienes las rodean.

Tener una visión clara proporciona una luz guía para las líderes femeninas. Implica ver más allá del presente y visualizar un futuro mejor. Las líderes visionarias pueden articular sus metas, inspirar a otros con su visión y crear un mapa de ruta para alcanzarlas. Al comunicar su visión efectivamente, agrupan a sus equipos y partes interesadas, fomentando un sentido de propósito y dirección.

Para mejorar tu visión de liderazgo, considera pasos prácticos, como reflexionar sobre tus pasiones y valores, investigar tendencias de la industria y buscar aportes de perspectivas diversas. Refina continuamente tu visión basada en retroalimentación y nuevos conocimientos, y comunícala con entusiasmo y claridad. Al perfeccionar tu visión, puedes inspirar a otros a unirse a ti en el viaje hacia el éxito.

Innovación

La innovación es otra habilidad vital que permite a las líderes femeninas pensar de manera creativa, desafiar el statu quo, e impulsar cambios significativos. Involucra generar nuevas ideas, tomar riesgos calculados y adaptarse a circunstancias en evolución. Las líderes innovadoras fomentan la experimentación, alientan una cultura de aprendizaje y propician un ambiente que valora y nutre la creatividad.

Para fomentar la innovación en tu carrera, considera consejos prácticos, como buscar perspectivas diversas, cultivar una mentalidad de crecimiento y abrazar el fracaso como una oportunidad de aprendizaje. Fomenta la comunicación abierta y la colaboración dentro de tu equipo, y crea espacio para el intercambio de ideas (brainstorming). Abraza las tecnologías emergentes y mantente informada sobre las tendencias de la industria para identificar oportunidades de innovación. Puedes impulsar un cambio positivo y destacarte como líder al nutrir tu mentalidad innovadora.

Colaboración e Inspiración

En el liderazgo, la colaboración y la inspiración son dos pilares esenciales que empoderan a las líderes femeninas para alcanzar un éxito notable. Al abrazar la colaboración, estas líderes aprovechan el poder del trabajo en equipo, fomentando un ambiente donde se valoran las perspectivas diversas y se celebran los logros colectivos. Además, las líderes femeninas elevan a individuos y equipos a través de su capacidad para inspirar y motivar a otros, impulsándolos a superar su potencial. Exploramos más a fondo estos conceptos y descubrimos cómo contribuyen al crecimiento y empoderamiento de las líderes femeninas.

La colaboración es la piedra angular del liderazgo efectivo para las mujeres exitosas. Entienden que pueden fomentar la colaboración y aprovechar la sabiduría colectiva y las diversas fortalezas de sus equipos. Abrazar la colaboración permite a las líderes femeninas crear un ambiente inclusivo donde se escuchan, respetan y valoran las ideas de todos. Esto mejora la creatividad y la innovación y fortalece los vínculos entre los miembros del equipo. La colaboración permite a las líderes femeninas construir relaciones sólidas, fomentar una comunicación abierta y crear un sentido de pertenencia dentro de sus equipos.

Las líderes femeninas exitosas buscan activamente la opinión de los miembros del equipo para sobresalir en la colaboración, reconociendo que las perspectivas diversas conducen a una mejor toma de decisiones. Establecen objetivos claros y fomentan una cultura de confianza y respeto, donde las personas se sientan cómodas compartiendo sus ideas y desafiando el statu quo. La comunicación verbal y no verbal efectiva es crucial en la colaboración, asegurando que los mensajes se transmitan claramente, se entiendan las expectativas y se resuelvan los conflictos de manera constructiva.

Al priorizar la colaboración, las líderes femeninas crean un entorno que cultiva el trabajo en equipo, aumenta la productividad y maximiza el potencial de cada individuo.

Además de la colaboración, tenemos la inspiración, una herramienta poderosa para que las líderes femeninas motiven y empoderen a quienes las rodean y a sí mismas. A menudo sustituyo la palabra "inspirar" por la frase: "a pesar de", y así mantener el impulso afirmando lo siguiente:

- A pesar de los contratiempos, elijo seguir adelante.

- A pesar de lo que mi cabeza pueda estar diciéndome, mi corazón está en el lugar correcto.

- A pesar de lo que la gente pueda concluir, no se trata de ellos; es el esfuerzo lo que cuenta.

- A pesar de las limitaciones, mis ojos permanecen en el premio.

Estas afirmaciones pueden parecer casuales, pero son para que las líderes entiendan que inspirar a otros comienza con encender sus propias autenticidades; luego de esto podrán encender la pasión, el impulso y una visión de equipo compartida. A través de palabras, acciones y una creencia inquebrantable en las habilidades de los miembros de su equipo, crean una cultura de energía positiva, resiliencia y crecimiento continuo.

Para inspirar a quienes las rodean, las líderes femeninas exitosas adoptan varios enfoques. Lideran con el ejemplo, demostrando integridad, autenticidad y una fuerte ética de trabajo. Al compartir sus historias de desafíos y triunfos, crean conexiones y fomentan un ambiente de apoyo donde todos se sienten animados a perseguir sus sueños y aspiraciones. Proporcionan orientación y mentoría, nutriendo los talentos y habilidades de los miembros de su equipo, ayudándolos a desbloquear su pleno potencial. Celebrar logros, no importa cuán pequeños, inspira un sentido de logro y anima a los individuos a establecer y alcanzar objetivos ambiciosos.

A través de la colaboración y la inspiración, las líderes femeninas tienen el poder de transformar lugares de trabajo, industrias y comunidades. Construyen puentes, derriban barreras y crean un espacio donde se escuchan y valoran las voces de todos. En este entorno colaborativo e inspirador, los individuos están empoderados para liberar su creatividad, tomar riesgos y aportar sus perspectivas únicas, llevando a soluciones innovadoras y logros extraordinarios.

Al abrazar la colaboración y la inspiración, celebremos los logros de las líderes femeninas exitosas que ejemplifican estas cualidades. El compromiso con la colaboración y su capacidad para inspirar y motivar a otros, sirven como una luz guía, empoderando a las mujeres para romper barreras, destrozar techos de cristal y liderar con propósito. Al abrazar la colaboración e inspirar a otros, las líderes femeninas allanan el camino para un futuro donde se pueda realzar el potencial de todos y a la vez prosperen la igualdad de género y la inclusividad.

Adaptarse y Sostener la Inclusión

La adaptabilidad es una habilidad clave para las líderes femeninas aspirantes que transitan por el panorama siempre cambiante del mundo profesional actual. Adaptabilidad significa abrazar el cambio, mantenerse ágil, aprender y crecer continuamente. Se trata de resiliencia ante los desafíos y de aprovechar las oportunidades de crecimiento.

Para cultivar la adaptabilidad como líder, considera consejos útiles cómo practicar la atención plena para mantenerte presente y enfocada, buscar perspectivas diversas para aprovechar diferentes ideas e implementar nuevas tecnologías y metodologías, y adopta una mentalidad de crecimiento que ve el cambio como una oportunidad para el desarrollo personal y profesional. De este modo podrás manejar con confianza la incertidumbre e inspirar a otros a abrazar el cambio al mantenerte adaptable.

La inclusión es otra habilidad vital para las líderes femeninas que buscan crear ambientes diversos e inclusivos, donde todos se sientan valorados y empoderados. Las líderes inclusivas fomentan un sentido de pertenencia y abrazan la diversidad en todas sus formas. Al buscar activamente perspectivas diversas, fomentar un diálogo abierto y crear una cultura inclusiva, desbloquean el potencial completo de sus equipos y organizaciones.

Para mejorar tus habilidades inclusivas, considera pasos prácticos cómo educarte sobre diferentes culturas y experiencias, buscar activamente perspectivas diversas y abordar los sesgos y microagresiones. Fomenta un ambiente donde se escuchen las voces de todos y se creen oportunidades para que los individuos contribuyan y se destaquen. Al abrazar la inclusión, puedes aprovechar el poder colectivo de perspectivas diversas y desarrollar una cultura de pertenencia.

COMUNICA TUS EMOCIONES INTELIGENTEMENTE

¿Eres lo suficientemente confiable como para comunicar tus emociones inteligentemente?

La comunicación y la confiabilidad son cualidades esenciales para las líderes femeninas exitosas. La comunicación efectiva implica transmitir información claramente, escuchar activamente, hacer preguntas perspicaces y adaptar tu estilo de comunicación a diferentes audiencias. Se trata de fomentar canales de comunicación abiertos y transparentes que promuevan la colaboración y el entendimiento.

La confiabilidad es la base del liderazgo fuerte. La confianza se construye a través de acciones consistentes, transparencia e integridad. Las líderes confiables demuestran fiabilidad, cumplen promesas y actúan de manera honesta y auténtica. Al construir confianza con colegas, compañeros de equipo y empleados, las líderes crean un ambiente de trabajo colaborativo y productivo, donde la gente se siente segura de tomar riesgos y aportar lo mejor de sí.

Al desarrollar habilidades blandas esenciales, debes recordar que el carácter y la inteligencia emocional son el comienzo de tu viaje como líder. Con consejos para mejorar cada habilidad, estás en camino de profundizar en las capacidades fundamentales requeridas para el éxito. En los próximos capítulos, exploraremos el poder de la comunicación efectiva, una habilidad necesaria que te califica para conectar, inspirar e influir en otros con un impacto profundo. Prepárate para desbloquear el verdadero potencial de tu capacidad de liderazgo en este próximo paso transformador.

3

EL ARTE DE LA COMUNICACIÓN

"La comunicación, la conexión humana, es la clave para el éxito personal y profesional."

Paul J. Meyer. (Equipo Editorial de Indeed, 2022)

Como muchas otras personas, probablemente has estado en una posición donde tus palmas sudan como locas, y apenas puedes mantener las piernas juntas porque todos los ojos están puestos en ti mientras haces un discurso. Bueno, no es una experiencia nueva. De hecho, en medio del alboroto organizacional de la compañía de bebidas para la cual trabajaba Jane, se encontró en una posición donde su equipo estaba desmoralizado, la comunicación era tensa y parecía haber una falta de dirección. Reconociendo la urgencia de cambiar las cosas, Jane perseveró con determinación a pesar de la tensión y la incomodidad.

Ella agrupó a su equipo para una reunión, manteniendo un comportamiento tranquilo; Jane comenzó reconociendo sus desafíos y frustraciones debido a la falta de comunicación efectiva. Luego compartió su visión para el éxito del equipo, articulándola de manera clara e inspiradora.

Jane observó las señales no verbales y reacciones de los miembros de su equipo mientras hablaba, notando sus expresiones reservadas y su titubeo para abrirse. Dándose cuenta de que la escucha activa era crítica, hizo una pausa, invitando a cada persona a compartir sus pensamientos y preocupaciones.

Jane comprendió las frustraciones del equipo y validó sus experiencias. Escuchó sus comentarios, abordando cada inquietud con empatía y respeto.

Cada una de las herramientas que empleó señala la relevancia de una comunicación efectiva de liderazgo. Se trata de cómo transmites información, ideas y objetivos; o llámalo: la claridad y la naturaleza convincente de crear influencia, usando las palabras correctas y una expresión emocional apropiada. Es el uso hábil de la comunicación verbal y no verbal para inspirar y motivar a otros hacia una visión compartida, y verlos trabajar porque tus palabras les han impactado. Una vez que seas clara y concisa, sin palabras rebuscadas, con empatía, comprensión y atención, tendrás a todos sentados para escuchar cada palabra tuya. Cuando Oprah Winfrey compartió sus métodos para una comunicación efectiva, lo redujo a una de muchas cosas; "¡tener una conversación!" Para ella, no hay necesidad de ponerse toda formal y seria para transmitir un mensaje. Comparte historias y ten una gran risa mientras lo haces.

TIPOS DE COMUNICACIÓN

Para una ejecución exitosa, se deben entender los diferentes tipos de comunicación y los componentes que los representan.

1. **Comunicación proactiva:** Es un método innovador de comunicar una visión convincente para el futuro. Una líder influyente inspira y motiva a su equipo articulando claramente una visión compartida y el camino para lograrla. Usa un lenguaje vívido y persuasivo para involucrar a su audiencia emocional e intelectualmente. Una líder inspira a los miembros del equipo a alinear sus esfuerzos y trabajar hacia un objetivo común, al pintar una imagen convincente del estado futuro deseado.

2. **Comunicación estratégica:** Conlleva estrategias, metas y planes para lograr objetivos organizacionales. Una líder debe comunicar efectivamente la dirección estratégica, prioridades e hitos de la organización, para asegurar que todos estén alineados y trabajando hacia los mismos objetivos. Este tipo de comunicación involucra claridad, especificidad y la capacidad de desglosar estrategias complejas en pasos accionables. Una líder efectiva proporciona contexto, explica la razón detrás de las decisiones y guía a su equipo para entender cómo su trabajo con-

tribuye al sistema más amplio.

3. **Comunicación inspiradora:** Tiene como objetivo motivar y energizar a individuos o equipos. Una líder exitosa usa la narración de cuentos, anécdotas poderosas y experiencias personales para conectar con su audiencia a nivel emocional. Inspira a otros compartiendo ejemplos de éxito, perseverancia y el impacto positivo de su trabajo. La comunicación inspiradora crea un sentido de propósito, construye la moral y fomenta la creencia en lo que es posible.

4. **Comunicación adaptativa:** Es la habilidad de adaptar el estilo de comunicación a diferentes individuos, equipos o situaciones. Una líder efectiva entiende que las personas tienen preferencias únicas, estilos de comunicación y necesidades de información. Adapta su enfoque de comunicación para asegurar que los mensajes sean entendidos y resuenen con su audiencia. Esto incluye usar diferentes modos de comunicación (verbal, escrito y visual), ajustar el nivel de detalle y considerar factores culturales o contextuales.

COMPONENTES DEL ESTILO DE COMUNICACIÓN

Comunicación Oral

Se refiere a las palabras habladas y la entrega vocal utilizada por una líder para transmitir sus mensajes. Incluye conversaciones cara a cara, reuniones de equipo, presentaciones y hablar en público. Aspectos clave de la comunicación oral efectiva para una líder incluyen:

- **Claridad:** Debe articular sus pensamientos clara y concisamente, utilizando un lenguaje fácilmente entendido por su audiencia.

- **Tono y entrega:** Debe prestar atención a su tono de voz, enfatizando puntos clave y usando pausas e inflexiones apropiadas para involucrar y cautivar a sus oyentes.

- **Escucha activa:** Debe escuchar activamente a otros, fomentando un diálogo abierto y creando un ambiente donde todos se sientan escuchados y valorados.

Comunicación Escrita

Se trata de usar palabras para transmitir mensajes, instrucciones, informes y otras formas de comunicación escrita. La comunicación escrita efectiva para una líder incluye:

- **Claridad y concisión:** Debe expresar sus ideas de manera clara y concisa en documentos escritos para asegurar que el mensaje deseado sea fácilmente entendido.

- **Estructura y organización:** Debe organizar su comunicación escrita de manera lógica y coherente, utilizando encabezados, puntos y párrafos para mejorar la legibilidad.

- **Tono y estilo:** Debe adoptar un tono y estilo apropiados que se alineen con el propósito y la audiencia de la comunicación escrita. Debe mantener profesionalismo, claridad y positividad.

Comunicación No Verbal

Involucra el lenguaje corporal, expresiones faciales, gestos y otras señales no verbales. La comunicación no verbal efectiva para una líder incluye:

- **Contacto visual:** Debe mantener un contacto visual apropiado para transmitir atención y compromiso.

- **Lenguaje corporal:** Debe ser consciente de su postura corporal, gestos y expresiones faciales, asegurando que proyecten confianza, apertura y accesibilidad.

- **Proximidad y presencia física:** Debe ser consciente de su presencia física y usar la proximidad adecuada para transmitir accesibilidad y atención.

Escuchar

Es un componente crítico de la comunicación efectiva de liderazgo. Una líder que escucha activamente demuestra empatía, comprensión y respeto por los miembros de su equipo. La escucha efectiva para una líder incluye:

- **Compromiso activo:** Debe estar completamente presente y comprometida al escuchar a otros, dando su atención completa y concentrándose en el mensaje del hablante.

- **Empatía:** Debe esforzarse por entender las emociones y perspectivas del hablante, poniéndose en su lugar y respondiendo con compasión.

- **Clarificación y retroalimentación:** Debe hacer preguntas para clarificar, parafrasear y resumir lo que ha escuchado, para asegurar la comprensión y proporcionar retroalimentación constructiva cuando sea apropiado.

Una líder que se compromete con estos componentes, representa la voz auténtica del pueblo. Una famosa líder femenina estadounidense que ejemplifica una comunicación efectiva de liderazgo es Eleanor Roosevelt. Como la Primera Dama de los Estados Unidos con más años de servicio, utilizó su posición para comunicarse efectivamente y abogar por la justicia social y los derechos humanos. Fue meticulosa en el uso de palabras a través de su columna de periódico, "Mi Día"; en sus discursos públicos, logró apoyo para su causa; en viajes a comunidades, las conversaciones siempre fueron cruciales para ella, y sobre todo, aprovechó los medios de comunicación para llegar a una audiencia más amplia para compartir su lucha por los derechos humanos. Era una líder integral y reflejaba lo que las futuras líderes femeninas deberían promover.

Al evaluar su carácter y trayectoria, es seguro decir que el liderazgo efectivo tiene numerosos beneficios para aquella mujer que desea liderar junto a su equipo.

BENEFICIOS DE LA COMUNICACIÓN EFECTIVA

1. **Equipos empoderados y enfocados:** La comunicación efectiva proporciona claridad y dirección, asegurando que todos, incluida tú como líder femenina, estén en la misma sintonía. Esto empodera a los miembros de tu equipo, permitiéndoles trabajar hacia objetivos comunes con confianza y enfoque.

2. **Confianza y colaboración:** Como líder femenina, comprendes la importancia de construir confianza y fomentar la colaboración. Al escuchar activamente a los miembros de tu equipo, respetar sus ideas y fomentar un diálogo abierto, creas un ambiente donde todos se sienten valorados e incluidos. Esto promueve lazos más fuertes y permite un trabajo en equipo efectivo.

3. **Resolución de conflictos con gracia:** La resolución de conflictos es una habilidad crucial para cualquier líder, y como líder femenina, tu capacidad para

comunicarte efectivamente puede cerrar brechas y alcanzar resoluciones. Manteniéndote calmada, respetuosa y considerando diferentes perspectivas, puedes facilitar conversaciones constructivas que conduzcan a soluciones ideales, fomentando la armonía dentro de tu equipo y más allá.

4. **Nutriendo relaciones con los clientes:** Las habilidades de comunicación sólidas son vitales para construir relaciones exitosas con tu equipo y los clientes. Como líder femenina, tu escucha atenta y explicaciones claras, crean un vínculo de confianza y respeto entre tú y tus clientes. Entender sus necesidades te permite proporcionar soluciones personalizadas y un servicio excepcional, asegurando la lealtad de ellos para contigo a largo plazo.

5. **Alineando objetivos para el éxito:** Alinear objetivos dentro de tu organización puede ser complejo, pero la comunicación efectiva simplifica el proceso. Al transmitir claramente las aspiraciones y objetivos de la organización, permites que tus empleados, incluidas otras líderes femeninas, comprendan sus roles y contribuciones. La comunicación regular construye confianza y un propósito compartido, impulsando a todos hacia objetivos comunes.

6. **Conflictos minimizados para un lugar de trabajo armonioso:** Las tácticas de comunicación efectiva ayudan a reducir conflictos o tensiones dentro de tu equipo. Asegurar que todos reciban la misma información y aclarar las expectativas, crea un ambiente justo y respetuoso donde se minimizan los malentendidos. Esto fomenta un lugar de trabajo armonioso donde todos los miembros del equipo, independientemente de su género, se sienten escuchados y valorados.

7. **Empleados comprometidos y motivados:** Tus habilidades de comunicación conectan y comprometen a los empleados, lo que lleva a una mayor satisfacción y una cultura empresarial más saludable. Al escuchar activamente, reconocer las habilidades de los empleados y fomentar relaciones, empoderas a los miembros de tu equipo, incluidas otras mujeres, para que contribuyan plenamente y disfruten de su trabajo. Esto aumenta la moral y los motiva a rendir al máximo.

8. **Productividad y eficiencia aumentadas:** La comunicación efectiva proporciona a los empleados, incluidas las compañeras líderes femeninas, una comprensión clara de sus roles y expectativas. Esta claridad les permite desempeñarse de manera eficiente, aprovechando sus habilidades y recursos de manera efectiva. Al promover canales de comunicación abiertos, mejoras la productividad en

toda la organización.

9. **Fomentando la innovación y perspectivas diversas:** Tu compromiso con la comunicación abierta empodera a los empleados para expresar sus ideas y opiniones, fomentando la innovación dentro de la organización. Creas un ambiente que alienta el pensamiento creativo y la resolución de problemas al valorar perspectivas diversas, incluidas las de otras líderes femeninas. Este enfoque impulsa la mejora continua y alimenta el éxito de la empresa.

10. **Construyendo equipos fuertes y cohesivos:** La comunicación efectiva fortalece los lazos del equipo y promueve la confianza entre los miembros del mismo. Al proporcionar dirección clara, establecer pautas y asegurar que todos estén en la misma sintonía, creas un ambiente de trabajo sincronizado y de apoyo. Este trabajo cohesivo en equipo, incluida la colaboración con otras líderes femeninas, eleva la organización y deja una impresión positiva en el público.

ESCUCHA ACTIVA: UNA REGLA IMPORTANTE DE COMUNICACIÓN

Cuando alguien pregunta, "¿Cuáles son las reglas de comunicación de liderazgo para ayudar a evolucionar a una líder femenina sin miedo?" Yo digo—la escucha activa.

¿Por qué? Los siguientes son los beneficios de la escucha activa en el liderazgo:

1. La escucha activa empodera a las líderes femeninas para mejorar la comunicación empresarial dentro de la organización. Las líderes femeninas fomentan una comunicación clara y efectiva al interactuar genuinamente con los miembros del equipo, colegas y partes interesadas, impulsando una mejor toma de decisiones y resultados generales.

2. Las líderes femeninas que pueden absorber información se convierten en modelos a seguir para sus equipos, nutriendo habilidades de comunicación efectiva. Al valorar perspectivas diversas y fomentar un diálogo abierto, las líderes femeninas inspiran una cultura de confianza donde todos se sienten valorados y empoderados para compartir sus ideas y preocupaciones.

3. La atención de las líderes femeninas crea un ambiente de apoyo, impulsando la moral y el compromiso de los empleados. Cuando los empleados se sienten

escuchados y entendidos, la satisfacción laboral aumenta, mejorando la productividad y la lealtad.

4. Las líderes femeninas construyen conexiones fuertes con los miembros de su equipo al escuchar atentamente, reduciendo las tasas de rotación. Al valorar sus opiniones y contribuciones, las líderes femeninas fomentan la lealtad y el compromiso, creando un ambiente donde los empleados se sienten apoyados y motivados para quedarse.

5. Tomar nota de información importante equipa a las líderes femeninas con habilidades de resolución de conflictos. Al escuchar atentamente y facilitar un diálogo constructivo, las líderes femeninas promueven la empatía y la comprensión, llevando a una resolución de conflictos más efectiva y un ambiente de trabajo armonioso.

6. Puede empoderar a los empleados, especialmente a las mujeres, para expresar sus perspectivas únicas. Las líderes femeninas crean un espacio inclusivo donde se valoran las voces diversas, fomentando la colaboración, el respeto y la innovación.

7. Las líderes femeninas que prestan mucha atención, promueven la exploración de nuevas ideas y posibilidades. Al buscar opiniones diversas y estar abiertas a diferentes perspectivas, las líderes femeninas fomentan una mejor toma de decisiones, soluciones innovadoras y una cultura de aprendizaje continuo.

Desafíos para las Habilidades de Escucha Activa

- **Distracciones:** El ruido, las interrupciones o la multitarea, pueden dificultar la concentración y la escucha activa hacia los demás. Las líderes femeninas pueden enfrentar estas distracciones en varios entornos de trabajo, pero ser conscientes de la importancia de la escucha enfocada puede ayudar a superar este desafío.

- **Suposiciones preconcebidas:** El sesgo o tener una predisposición, puede obstaculizar la escucha efectiva. Las líderes femeninas deben ser conscientes de sus preferencias y esforzarse por abordar las conversaciones abiertamente, suspendiendo el juicio y buscando activamente comprender diferentes perspectivas.

- **Restricciones de tiempo:** Los horarios ocupados y los plazos ajustados a menudo crean restricciones de tiempo para las líderes femeninas. El tiempo limitado puede llevar a conversaciones apresuradas, donde la escucha se relega a un segundo plano. Superar este desafío requiere priorizar la escucha activa y asignar tiempo dedicado para conversaciones significativas.

- **Barreras emocionales:** Las emociones fuertes, como el estrés, la frustración o los prejuicios personales, pueden impedir una escucha efectiva. Las líderes deben ser conscientes de sus emociones y esforzarse por manejarlas durante las conversaciones, permitiendo una experiencia de escucha más empática y objetiva.

- **Falta de empatía:** Difícilmente puede haber alguna conversación significativa sin indicios de empatía. Las líderes femeninas pueden enfrentar desafíos al empatizar con perspectivas o experiencias diversas. Por lo tanto, es esencial cultivar intencionalmente la compasión, practicando la escucha activa para comprender y conectar con los demás en un nivel más profundo.

- **Sobrecarga de información:** En el mundo acelerado de hoy, las líderes femeninas ocasionalmente encuentran bombardeos de información de varias fuentes, lo que dificulta procesar y retener tanto como sea posible mientras escuchan. Emplear técnicas como resumir puntos clave, tomar notas o buscar aclaraciones, puede ayudar a manejar este desafío y asegurar una comprensión adecuada.

- **Estilos de comunicación y diferencias culturales:** Cómo te relacionas con las personas basado en tu manera y raíces culturales, puede jugar un papel importante en tu recepción de la información. Como líder, debes ser sensible a estas diferencias y adaptar tu enfoque de escucha para desaparecer cualquier brecha de comprensión.

¿Por Qué Importa?

La escucha efectiva es crucial porque nos permite comprender a los demás, construir relaciones, colaborar efectivamente, resolver conflictos, fomentar el crecimiento personal y profesional y mejorar la satisfacción del consumidor. Cuando escuchas atentamente con el deseo de comprender:

- puedes captar perspectivas con interés.

- muestras la preocupación necesaria donde sea útil.

- integras ideas diversas y encuentras terreno común.

- aprendes de los demás.

- satisfaces adecuadamente las necesidades del consumidor.

Es una habilidad fundamental que promueve una comunicación significativa, conexión y resultados positivos en varios aspectos de la vida.

PASOS ESTRATÉGICOS PARA UNA ESCUCHA EFECTIVA Y COMUNICACIÓN DE LIDERAZGO

1. **Sé presente:** Crea un ambiente enfocado y propicio para la comunicación, libre de distracciones. Dale toda tu atención al hablante, demostrando un compromiso activo.

2. **Practica la empatía:** Busca comprender las perspectivas y emociones de los demás. Muestra interés genuino y preocupación, fomentando un ambiente de apoyo e inclusivo.

3. **Suspende el juicio:** Evita hacer suposiciones prematuras o formar opiniones. Mantén una mente abierta y escucha sin prejuicios, valorando diferentes puntos de vista.

4. **Haz preguntas aclaratorias:** Busca claridad y una comprensión más profunda haciendo preguntas relevantes y reflexivas. Este enfoque demuestra tu compromiso y anima al hablante a proyectar sus pensamientos.

5. **Reflexiona y resume:** Resume los puntos principales y reflexiona sobre ellos con el hablante para asegurar una comprensión precisa. Esta estrategia refuerza y valida su contribución.

6. **Proporciona retroalimentación:** Ofrece retroalimentación constructiva y afirmaciones al hablante, reconociendo sus ideas y aportes. Esta táctica fomenta la participación continua y promueve una dinámica de comunicación positiva.

7. **Adapta el estilo de comunicación:** Adapta tu enfoque de comunicación para satisfacer las necesidades y preferencias de diferentes individuos y situaciones. La flexibilidad en tu estilo de comunicación promueve una comprensión efectiva y una buena relación.

8. **Fomenta la participación:** Crea un ambiente inclusivo donde las personas se sientan seguras de expresar sus opiniones y perspectivas. Anima activamente y valora las contribuciones de todos los miembros del equipo.

9. **Practica la escucha activa:** Demuestra la escucha activa a través de señales no verbales, como mantener contacto visual, asentir con la cabeza y usar un lenguaje corporal apropiado. Muestra que estás completamente presente y comprometida en la conversación.

10. **Mejora continuamente:** Cultiva una mentalidad de aprendizaje continuo y mejora tus habilidades de comunicación y escucha. Busca retroalimentación, reflexiona sobre tu desempeño y trabaja activamente hacia la mejora de tus habilidades de comunicación de liderazgo.

La comunicación es la piedra angular del liderazgo femenino sin miedo, elevando tu impacto de valioso a inestimable. Abraza la mejora continua de tus habilidades de comunicación con cada individuo en tu entorno de trabajo, forjando conexiones que empoderan e inspiran. A través de la escucha activa, la empatía y el diálogo abierto, crea un espacio seguro donde se celebran y valoran perspectivas diversas. Al cultivar este ambiente, superarás desafíos y desbloquearás el arte de tomar riesgos. En el próximo capítulo, exploraremos las estrategias para abordar riesgos calculados con confianza, permitiéndote liderar con una valentía inquebrantable y abrazar este viaje transformador.

4

EL PAPEL DE TOMAR RIESGOS

"Si no tomas riesgos, no sufrirás derrotas. Si no tomas riesgos, no ganarás victorias."

Richard M. Nixon (Citas sobre Riesgos, n.d.)

Investigaciones recientes indican que una de las razones por las que la mayoría de las personas evitan tomar riesgos, no es porque no puedan, sino por el miedo a fallar (LinkedIn, n.d.). ¿Recuerdas la palabra "miedo"? Esa molesta vocecita en tu cabeza que constantemente susurra: *"¡Cuidado! ¡Algo malo podría pasar!"* Pero déjame decirte, ceder al miedo no te llevará a ninguna parte. Te mantendrá atascada en tu zona de confort, perdiéndote increíbles oportunidades y volviéndote loca con los "qué pasaría si".

Ahora, hablemos de riesgos. Son como esas montañas rusas emocionantes a las que tienes miedo de subirte. Claro, hay una posibilidad de que grites a todo pulmón o te sientas un poco mareada, pero hey, ¡eso es parte de la aventura! Tomar riesgos nos impulsa hacia adelante, nos empuja a crecer y descubrir nuestro verdadero potencial. La legendaria Helen Keller una vez dijo: "La vida es una aventura audaz o nada en absoluto." (Una cita de The Open Door, n.d.)

Claro, es totalmente normal sentir algo de miedo frente a los riesgos. Pero aquí está la cosa: el miedo no debería tomar las decisiones. Debes mirar al miedo a la cara y decir: *"No hoy, miedo, no hoy"*. Créeme; ganarás fuerza, confianza y una actitud audaz al encarar esos desafíos. Como nuestro amigo Mark Zuckerberg sabiamente dijo, "El mayor riesgo es no tomar ningún riesgo. En un mundo que cambia rápidamente, la única estrategia garantizada para fallar es no tomar riesgos." (Citas de Mark Zuckerberg, n.d.)

Como líder femenina que desea hacer una diferencia, el lema importante para ti, después de la integridad, debería ser tomar riesgos. El mundo cambia diariamente, y cada líder atenta y presente, debe trabajar con los tiempos y encontrar las mejores tácticas para atravesar cualquier circunstancia, no importa la complejidad.

La necesidad de tomar riesgos es una demanda constante para ayudar a cada líder a conectarse con innovaciones y proyectar un crecimiento que elevará sus empresas y negocios al siguiente nivel. ¿Cómo ganarás acceso a grandes clientes y proyectos si te conformas con la zona de confort? ¿Crees que tus empleados pensarán de forma innovadora si notan que siempre optas por lo convencional? Una vez que reflexiones sobre todo esto, apreciarás la necesidad de los riesgos calculados como el camino hacia el éxito, adelantándote a los competidores, aprendiendo a adaptarte en cualquier escenario que presente la economía, y motivando e inspirando a tu equipo y clientes a seguir confiando en tu capacidad de entrega, y lo mejor de todo, aprovechar grandes oportunidades para romper límites y dar a la empresa una ventaja competitiva.

Recuerda, "riesgos calculados" significa que bajo ninguna condición debes sentir la necesidad de ser impulsiva al tomarlos, sin pensar las cosas. Eso no es ser inteligente sino presumida sobre tu capacidad para zambullirte de cabeza sin saber nadar. Los riesgos calculados son evaluaciones reflexivas de los beneficios y desventajas potenciales antes de tomar una decisión. Significa nunca usar tus emociones para nublar tu sentido del juicio. Ningún gran líder llegó lejos de esa manera; de hecho, para tomar riesgos que cuenten:

- Sé consciente y clara sobre los riesgos y recompensas potenciales.

- Apunta a ser auténtica y transparente en tus tratos.

- Evalúa todas las opciones presentadas.

- Busca consejo sobre el valor que se puede ganar de los riesgos.

- Sobre todo, muestra una apertura para aprender, fallar y levantarte de nuevo.

- En el liderazgo, estos modos pueden hacer maravillas para ti y tu equipo en el futuro, logrando productividad.

Uno de los rasgos más significativos de un gran líder es su deseo de tomar riesgos que cuenten: sin correr y esconderse. Según un estudio de la Escuela de Gestión de Yale, los líderes que toman riesgos son a menudo recompensados, particularmente en entornos competitivos. Estas recompensas pueden venir en forma de mayor reconocimiento, avance profesional y ganancias financieras (Georgeac, 2021).

Cuando Steve Jobs, cofundador de Apple Inc., tomó un riesgo significativo al introducir el iPod en 2001, no sabía que sería el producto que revolucionaría la industria musical. En ese momento, el mercado estaba dominado por CDs y reproductores de casetes portátiles, y la gente estaba contenta con eso, sin saber que había maneras aún mejores de disfrutar de la música. El éxito del iPod era incierto. Sin embargo, Jobs creía en el potencial de la música digital y tomó el riesgo calculado de introducir un producto novedoso. Valió la pena. El iPod se convirtió en un cambio de juego y preparó el escenario para el futuro éxito de Apple.

Como líder, cuando puedes ver lo que nadie más ve, después de hacer la debida diligencia evaluando todos los pros y los contras, puedes estar segura de que obtendrás lo siguiente:

- La confianza de quienes dependen de ti.

- El compromiso de quienes trabajan contigo.

- La atención de quienes podrían querer ignorarte.

- Las puertas abiertas a proyectos más significativos que te elevarán.

Ahora ves que tomar riesgos calculados te coloca en un nuevo nivel. Pero, esto comienza, primero y más importante, superando tus miedos. Debes entrenar tu cerebro para actuar cuando sea necesario y dejar espacio para la duda y una posible negativa. Nota que tomar riesgos calculados es impulsar el éxito y redirigir la actitud del miedo. Intenta hacerlo en tres pasos:

En lugar de obsesionarte con el miedo al fracaso, permite que tu mentalidad tome una dirección diferente y lo veas todo como una oportunidad de aprendizaje. Considera el fracaso como una parte natural del crecimiento y desarrollo, donde se aprenden lecciones para impulsarte hacia adelante.

1. Nunca permitas que el miedo te paralice; canalízalo hacia la motivación y la determinación. Úsalo como un catalizador para la acción, empujándote a salir de tu zona de confort y tomar riesgos calculados.

2. Da pasos pequeños y riesgos manejables que gradualmente construyan tu confianza. Descompón metas más grandes en hitos más pequeños, permitiéndote experimentar el éxito. Celebra estos logros, no importa cuán pequeños sean, ya que refuerzan tu capacidad para superar el miedo, tomar acción y asumir riesgos aún mayores en el futuro.

3. Al adoptar estos principios, no solo superarás el miedo, sino que también fortalecerás tu liderazgo y establecerás un precedente de coraje y resolución dentro de tu equipo y organización.

LAS ALTERNATIVAS

Además, algunas alternativas pueden considerarse en tu camino para combatir el miedo al fracaso. Esto lo recomiendo especialmente a las mujeres que buscan marcar la diferencia como líderes femeninas intrépidas:

1. Identifica y desafía cualquier creencia negativa o limitante que contribuya al miedo. Reconoce que la auto-duda es común, pero no siempre racional. Así que, usa la herramienta que te funcione para moldear tu mente. Practica afirmaciones positivas, concéntrate en tus fortalezas y celebra tus logros. Recuérdate a ti misma tus capacidades y el valor que aportas como líder; de esa manera, el miedo no tendrá dominio sobre ti.

2. Cultiva una mentalidad de crecimiento que se base en el aprendizaje continuo y vea los contratiempos como oportunidades de crecimiento. No existe tal cosa como un obstáculo insuperable; eso es lo que necesitas decirte constantemente cuando dudes. Al redefinir el fracaso como una oportunidad para aprender y mejorar, puedes enfrentar los riesgos con una mentalidad más optimista y abierta.

3. Fomenta un ambiente que valore y celebre la diversidad e inclusión. Anima perspectivas diversas, crea oportunidades para que las voces subrepresentadas sean escuchadas, y apoya el desarrollo de líderes femeninas. Cuando las líderes se sienten empoderadas y valoradas, puede ayudar a mitigar el miedo que podría surgir por las presiones sociales y los prejuicios.

Un estudio publicado en el Journal of Personality and Social Psychology, encontró que las personas que superan el miedo al fracaso y toman riesgos, tienen mayor autoestima y satisfacción con la vida. Saber que no se rindieron en el último minuto no es solo un consuelo, sino una señal de que, con un poco de esfuerzo, pueden reducir el miedo a fallar y a tomar riesgos. Además, una mejor manera puede venir en pasos más estratégicos:

1. **Ve el fracaso como una herramienta de aprendizaje:** Una oportunidad para crecer donde estás, te permite refinar tus estrategias y enfoque para el éxito futuro.

2. **Ve el fracaso como un trampolín hacia la grandeza:** Una vez que recuerdes cuántos líderes exitosos han experimentado fracasos, usa sus historias como catalizadores para lograr resultados extraordinarios.

3. **Practica la autocompasión:** Sé amable contigo misma frente a los contratiempos; comprende que tomar riesgos es un acto valiente que requiere resiliencia y auto-estímulo.

4. **Anota los beneficios de fracasos pasados:** ¿Cómo han proporcionado lecciones valiosas, percepciones y experiencias anteriores que han moldeado tus habilidades de liderazgo y toma de decisiones?

5. **Rodéate de una red de apoyo:** Busca mentores, colegas o un grupo de pares que puedan proporcionar orientación, aliento y un espacio seguro para discutir desafíos y recuperarse de fracasos.

6. **Establece expectativas realistas:** Entiende que tomar riesgos involucra incertidumbres, contratiempos y la posibilidad de recompensas significativas y crecimiento. Alinea tus expectativas con el proceso de aprendizaje y mejora.

7. **Concéntrate en pasos pequeños:** Desglosa riesgos significativos en acciones menores y manejables que te ayuden a construir confianza y te impulsen. Celebra cada paso adelante, independientemente del resultado.

8. **Cultiva una mentalidad de crecimiento:** Desarrolla una filosofía que apoye los desafíos y vea los contratiempos como oportunidades para crecer, en lugar de mirarlos como limitaciones fijas o indicadores de fracaso.

9. **Busca retroalimentación y una mejora continua:** Busca activamente retroalimentación de fuentes confiables para obtener percepciones sobre áreas de mejora, y refinar tu enfoque hacia futuros riesgos.

10. **Da un gran aplauso a tus éxitos:** Celebra tus logros y esfuerzos exitosos en la toma de riesgos, reconociendo el coraje que tomó salir de tu zona de confort y hacer un impacto positivo.

Es una elección desafiante pero loable. Por ejemplo, dejar la comodidad de un trabajo bien remunerado que garantiza tu seguridad financiera, para perseguir tu pasión con la esperanza de crecimiento, eso requiere mucho valor y planificación. Las decisiones informadas y la toma de riesgos calculados, son imperativas si deseas que la pasión por tu carrera y tu liderazgo brillen.

RIESGOS QUE CUENTAN

Como líder femenina que desea ser intrépida y motivada, **¿cómo decidir tomar riesgos que valgan la pena?**

- **Evalúa tu capacidad para tomar riesgos:** Reflexiona y evalúa tus experiencias pasadas con la toma de riesgos, y considera cómo estas han moldeado hasta ahora tu capacidad para hacerlo. Tienes las estadísticas de los resultados, así que solo tú puedes dar la respuesta correcta.

- **Deja espacio para el fracaso:** Nunca niegues la posibilidad de obstáculos y contratiempos; estos llegarán, quieras o no. Pero desarrollar planes de contingencia para mitigarlos y reconocer el poder de la resiliencia y la adaptabilidad como atributos críticos de las líderes femeninas exitosas, te ayudará a prepararte para todo.

- **Define metas claras:** ¿Qué resultados esperas? ¿Cuáles son tus metas respecto a los riesgos que estás evaluando? Asegurarte de que se alineen con tu visión como líder y contribuyan a tu crecimiento profesional y empoderamiento a largo plazo, esto es lo que más cuenta.

- **Identifica fortalezas y debilidades con anticipación:** Evalúa tus habilidades, conocimientos y recursos, considerando las fortalezas y capacidades únicas que aportas y utilízalas para tomar decisiones informadas sobre los riesgos que estás dispuesta a tomar.

- **¿Qué beneficios obtienes tú y otros?** Evalúa los impactos positivos potenciales de la toma de riesgos en tu carrera, equipo y organización, reconoce el potencial para avanzar en la igualdad de género, romper barreras e inspirar a otras líderes femeninas aspirantes. El nivel de beneficio con respecto al riesgo que tomes, te dirá si vale la pena.

- **Busca orientación de expertas:** Consulta a mentoras, asesoras o líderes femeninas exitosas que puedan proporcionar perspectivas y conocimientos valiosos específicos para los desafíos y oportunidades que enfrentan las mujeres en roles de liderazgo, empoderándote para tomar decisiones informadas sobre la toma de riesgos.

- **Acostúmbrate a tomar pequeños riesgos al principio:** Comienza con riesgos pequeños y manejables para construir confianza y aumentar gradualmente tu tolerancia al riesgo, reconociendo que tomarlos de manera calculada, es una parte integral del camino hacia la igualdad de género en el liderazgo.

- **Prepárate para adaptarte:** Cuando pienses en riesgos, piensa en agilidad y flexibilidad, porque la toma de riesgos a menudo implica navegar a través de sesgos de género y estereotipos, y debes ser capaz de ajustar tus estrategias y enfoques para crear un cambio positivo.

- **Rodéate de personas con ideas afines:** Una red de apoyo de líderes femeninas diversas y aliados que compartan tu pasión por romper barreras, es una excelente manera de apoyarse mutuamente en la toma de riesgos. Sobre todo, es un método colectivo para avanzar en el liderazgo femenino.

- **Recuerda la autoconciencia:** Reflexiona continuamente sobre tus fortalezas, debilidades y los desafíos únicos que enfrentan las líderes femeninas, utilizando la autoconciencia como herramienta para el crecimiento personal, la resiliencia y para inspirar a otros a través de tu trayectoria.

- **Sé diversa:** Las perspectivas, ideas y enfoques diversos siempre deben ser bienvenidos. Sé consciente de la importancia de la inclusividad en la toma de decisiones y su impacto positivo en la innovación, resolución de problemas y promoción a un cambio positivo.

- **Sé responsable:** Responsabilízate de tu toma de riesgos y comunica abiertamente tus metas y aspiraciones como líder femenina, inspirando a otros y creando una cultura que fomente el liderazgo y la toma de riesgos de las mujeres.

- **Sigue las 3 A's de la toma de riesgos:**

1. Actúa con decisión.

2. Analiza los resultados.

3. Adapta tus estrategias y enfoques basándote en las lecciones aprendidas.

Debes encarnar la resiliencia y la determinación necesarias para tener éxito como líder femenina.

- **Fracasa, pero levántate y sigue adelante:** Si has escuchado el dicho "fracasa rápido pero levántate más rápido", sabrás que el fracaso no debe ser una excusa para sentarse y lamentarse por lo que pudo haber sido. El fracaso debe ser tu trampolín para el crecimiento y la mejora, ya que te ha proporcionado lecciones valiosas, allanando tu camino hacia el éxito como líder resiliente.

- **Prepárate para innovar:** Cultiva una mentalidad de curiosidad, creatividad y disposición para desafiar el statu quo, aprovechando las oportunidades de innovación que surgen de tomar riesgos calculados y promoviendo un cambio positivo en tu trayectoria de liderazgo.

Libera tu potencial superando el miedo y abrazando el cambio, la innovación y las oportunidades de aprendizaje. No dejes que el miedo te robe victorias; por el contrario, aprovecha las oportunidades potenciales de crecer a partir de las valiosas lecciones que ofrecen. ¿Sabías que superar el miedo es crucial para desarrollar habilidades prácticas de colaboración? Cuando dejas ir el miedo, te vuelves más abierta a trabajar con otros, compartir ideas y abrazar perspectivas diversas. Ahora, cambiemos el enfoque hacia la mejora de tus habilidades de colaboración en el próximo capítulo.

TU OPINIÓN ES IMPORTANTE

Estás a mitad de camino en "Liderazgo Femenino Sin Miedo" y me encantaría escuchar tus opiniones. Tus comentarios no sólo me ayudan a mí, sino también a otras líderes que buscan percepciones valiosas.

Para dejar una reseña en Amazon, sigue estos pasos:

1. **Accede a la página del libro en Amazon**:

   ○ Busca manualmente el libro, haz clic en el enlace proporcionado desde tu e-reader o escanea el código QR que aparece a continuación.

2. **Haz clic en "Escribir una opinión de cliente"**:

3. **Redacta y envía tu reseña**:

   ○ Califica el libro con estrellas.

   ○ Escribe tus comentarios sobre el libro.

   ○ Haz clic en "Enviar" para publicar tu reseña.

https://www.amazon.com/review/create-review/?ie=UTF8&channel=glance-detail&asin=1962576124

Tu apoyo es extremadamente importante para mí. ¡Muchas gracias!

5

COMBATIR EL SÍNDROME DEL IMPOSTOR

"Solas, podemos hacer tan poco; juntas, podemos hacer tanto."

Hellen Keller (Conley, 2022)

Toda buena estructura no solo requirió materiales de construcción y el conocimiento para darle vida; tomó el compromiso y la dedicación de personas que trabajaron incansablemente hasta ver un edificio terminado. Hay innumerables construcciones como el Empire State Building en Estados Unidos, la Torre Eiffel en Francia y las antiguas Pirámides de Egipto. Estos monumentos han sobrevivido siglos de cambios históricos. Siguen siendo una maravilla en el mundo debido al trabajo en equipo, la colaboración de esfuerzos e ideas, y el respeto por las perspectivas y contribuciones de los demás.

Hoy, estas habilidades están entre los requisitos más demandados para la transición del mundo hacia una mayor interconectividad y un liderazgo efectivo. Para posicionarte como alguien, no con autoridad hermética y aislada, sino con el esfuerzo abarcador de colaboración y trabajo conjunto, debes cultivar la fortaleza de ser una persona con espíritu de equipo.

La colaboración no se trata de que las personas combinen sus ideas porque se verían bien juntas, como si estuvieran formando parejas para citas; es más bien prestar atención a las opiniones de diferentes fuentes. De alguna manera, todos en un equipo son escuchados, sus contribuciones y opiniones se verifican lado a lado con el resultado deseado, y se toma una decisión. Este enfoque, en estudios recientes, se ha vuelto primordial, especialmente dado que aproximadamente el 75% de los trabajadores en EE. UU., reconocen que la colaboración es vital para un liderazgo efectivo y para que el entorno laboral prospere. Esta opinión está avalada por un informe de KPMG, el cual afirma que, el 75% de las ejecutivas en más de 150 destacadas organizaciones globales, han sufrido síndrome del impostor en algún momento (Boskamp, 2023). Esto muestra que la conexión entre estas cifras es profunda, y las habilidades de colaboración pueden influir significativamente en el resultado del liderazgo en las empresas.

¿QUÉ ES EL SÍNDROME DEL IMPOSTOR?

Cuando se habla de síndrome del impostor, nos referimos a la duda, a cuestionarte a ti misma, a mantener una actitud pasiva y a sentir baja autoestima. No solo posees las habilidades, sino que además eres excelente en lo que haces. Sin embargo, persiste el temor de dejar brillar tu trabajo, y frecuentemente te sientes como una impostora que no tiene lo que se necesita para ganar esos grandes clientes o llevar a cabo esos proyectos de gran envergadura.

Cuando comienzas tu propio negocio como única propietaria, esto tiende a suceder porque estás compitiendo contra miles de otras personas en empresas similares. Por lo tanto, tu trabajo no solo debe hablar por ti; necesita destacarse. Y, aunque logres ese estatus de ser significativa y relevante, aún te sientes que no mereces el reconocimiento por alguna razón.

Pero, como la mayoría de los fenómenos, el síndrome del impostor se manifiesta lentamente a través del carácter de la persona afectada de varias maneras:

- **Ser exitosa nunca es suficiente.** A las líderes con este síndrome a menudo se les considera altamente exitosas porque no creen que el éxito sea suficiente para cuantificar un buen liderazgo. Están obsesionadas con sus metas y hacen todo lo posible por alcanzarlas, incluso si eso las desgasta.

- **Trabajar en exceso es parte de la vida.** No hay espacio para el tiempo libre en su mundo porque alguien tiene que hacer todo a la perfección. Los errores a menudo se ven como grandes fallos, potencialmente indicativos de incompetencia. Es difícil relacionarse con líderes con esta característica, ya que sus empleados tienden a andar con cuidado a su alrededor.

- **El problema más común es la auto-duda.** Con frecuencia, creen que su trabajo no es digno de estar entre los mejores. Incluso cuando fuentes confiables lo reconocen como único y auténtico, continúan descalificándose a sí mismas y devaluando sus esfuerzos.

- **Los elogios se perciben más como ataques que como reconocimientos.** La sensibilidad a lo que se dice y cómo se dice puede ser motivo de disputa. La insatisfacción con su propio trabajo hace que cualquier elogio o reconocimiento suene como una manera sarcástica de ridiculizar sus habilidades. Para una líder con un gran ego, su orgullo puede herirse con facilidad.

En esencia, el síndrome del impostor es innato y crece para crear un carácter que es excesivamente sensible y crítico consigo mismo y con quienes le rodean. Richard Patterson, un autor estadounidense, es una de las personalidades famosas que han sufrido este trastorno del síndrome del impostor. Su declaración sobre el fenómeno fue impactante, ya que lo describió como un rasgo de carácter dentro de la mayoría de los profesionales, haciéndolos sentir ansiosos y obsesionados de tener éxito antes de que se les perciba como engañosos y sus habilidades sean vistas como fraudulentas. Para él, estos extraños sentimientos hacen que la víctima trabaje extremadamente duro para limpiar su nombre y proteger sus registros.

ARQUETIPOS DEL SÍNDROME DEL IMPOSTOR

Lo anteriormente leído revela las razones para el síndrome del impostor, sin embargo, no debes validar los aspectos de tu carácter que te hacen dudar de tus capacidades. Para entenderlo mejor y abordarlo estratégicamente, los psicólogos han dedicado tiempo a realizar estudios que clarifiquen los diferentes arquetipos del Síndrome del Impostor.

1. **Perfeccionista:** Esta personalidad establece altos estándares para sí misma. Se angustia demasiado por cómo saldrán las cosas y por creer que su trabajo será etiquetado como basura, independientemente de sus logros. El calificativo de "bueno" nunca es suficiente, requiere que sea ¡excelente!.

2. **Solista:** Cuando te encanta hacer las cosas por tu cuenta y ser la estrella de tu propio espectáculo, esa es la solista. A estas personas les resulta difícil liderar porque no saben cómo delegar o aceptar ayuda. Tienen miedo de que pedir asistencia exponga su incompetencia y les haga parecer que no pueden manejar la presión. De hecho, nadie tiene derecho a quitarles el brillo, o sobresalir por

encima de ellas.

3. **Genio Natural:** Son los que lo saben todo, así que adquirir nuevos conocimientos para ellos es un trabajo duro. Estas personas serán las menos atentas en un taller o seminario porque su competencia debería surgir sin esfuerzo e instantáneamente, y su auto-percepción es que son individuos naturalmente talentosos.

4. **Experto:** Crees que tu conocimiento o experiencia es solo una gota en un océano de agua. Año tras año, acumulas certificados y aumentas calificaciones y aún te encuentras en la zona donde dudas de tu legitimidad. Es el caso de ser experta de nombre pero no de creencia.

5. **El Comparador:** Según Mike Robbins, esta persona se halla en una trampa de comparación de sí misma con otros, creyendo que todos a su alrededor son más competentes y exitosos que ella. Se siente inadecuada y teme ser expuesta como menos capaz, por lo que, sin darse cuenta, la envidia surge una vez que nota a alguien más haciendo lo que ella debería estar haciendo.

En lugar de desear ser como ellos, trata de apreciar lo que tienes.

¿CÓMO SUPERAR EL SÍNDROME DEL IMPOSTOR?

La única cosa que tiene una víctima del síndrome del impostor, es talento. Poseen las habilidades pero necesitan más confianza para celebrar su potencial. Entonces, ¿cómo puedes superar tus pensamientos negativos sobre ti misma?

1. **Reconoce:** Como cualquier otro trastorno, el reconocimiento es el primer paso hacia la recuperación. Acepta que eres víctima del síndrome del impostor basándote en todos los signos discutidos, y luego comienza el viaje de sanación diciéndote a ti misma que no es inusual y que puede corregirse. Cuando admites tu error, debilitas las posibilidades de repetir el mismo acto dos veces, ya que te has vuelto consciente, presente y deseosa de cambiar.

2. **Minimiza las críticas:** Es bueno criticar tu trabajo para que lo mejor pueda surgir de él. Sin embargo, en el caso de una mentalidad de síndrome del impostor, es más seguro minimizar, señalar y degradar tus esfuerzos. Puedes pensar que es una forma humilde de llamar la atención, pero lentamente estás instaurando desconfianza en ti misma. Incluso si hay contratiempos aquí y allá, evalúa

cuán bien te has desempeñado y prepárate estratégicamente para proyectos más grandes.

3. **Desafía la farsa de tu síndrome del impostor:** Esto puede sonar como empujarte al límite para demostrar algo. Y sí, lo es, pero con la disposición de desvincularse del pensamiento de que 'no tienes lo que se necesita para destacar'. Confía en tus capacidades, avanza y demuestrate a ti misma que si puedes.

4. **Escucha y aprende:** Muchas personas en tu círculo, probablemente aquellas sobre las que has leído, han estado allí antes. Tómate un momento para escuchar sus historias y aprender de sus experiencias. Nadie puede ayudarte mejor que alguien que ha estado allí. Conocen los signos; te dirán cuándo luchar con fuerza o cuándo bajar el tono.

5. **Pide ayuda:** Una vez que notes que se te está yendo de las manos y tu trabajo y posición están en peligro debido a tu negatividad innata, es hora de buscar apoyo profesional. Deja que los terapeutas hagan su trabajo y te ayuden a navegar esta fase desafiante.

6. **Sé consciente:** Elige tus palabras y pensamientos cuidadosamente, ya que moldean una parte significativa de tu recuperación del síndrome del impostor. Como líder, ser positiva es una actitud innegociable para convertirte en una realizadora y una ejecutora exitosa. No importa cuán mal parezca todo, concéntrate en por qué quieres sacar lo mejor de la peor situación.

7. **Toma en serio el autocuidado:** A veces, el peso sobre tus hombros fortalece la duda. Te dices a ti misma: "Estoy cansada, ¿por qué debería esforzarme tanto cuando todo se reduce a nada?" En lugar de todo eso, apunta a tomar un descanso de la manera que funcione para ti. Nadar, meditar, dar largos paseos, recibir un tratamiento de sauna, lo que sea. Siempre haz un alto para reiniciar, así tu nivel de pensamiento reevaluará las cosas racionalmente.

8. **Practica la colaboración y el trabajo en equipo:** Una vez que admitas que sí, eres buena, pero no tienes todas las respuestas, te impulsará a descubrir quién sí las tiene. Y entonces, apreciarás la importancia de los empleados y de construir un entorno de trabajo sinergizado donde todos apunten al éxito del proyecto del otro. Sin espacio para la envidia, la comparación o el juicio, solo apoyo, trabajo duro, respeto y esfuerzo de equipo.

El arma más fuerte que usa el síndrome del impostor para impedir el éxito de su víctima, es matar su autoconfianza. Nunca te sientes bien con nada, y es el peor lugar para estar cuando eres líder. La gente depende de tu optimismo y confianza para tener una razón para seguir avanzando, y si eso se desvanece, entonces ¿qué? ¿Significa que ya no obtendrás el respeto y la sumisión de tus empleados?

Si solo se necesitaran confianza y determinación para ser un buen líder, entonces la mayoría de los nombres reconocidos hoy no habrían pasado de los primeros meses en sus cargos.

Ten en cuenta que en el liderazgo la falta de confianza y la auto-duda, pueden sonar igual; sin embargo, hay algunas diferencias agudas.

Construir confianza implica reconocer y aprovechar las fortalezas, establecer y alcanzar objetivos, buscar retroalimentación, aprender y desarrollar habilidades continuamente. Esas acciones son enfoques positivos para ayudar a las personas a desarrollar un sentido de competencia y autoconfianza en sus habilidades profesionales.

Por otro lado, combatir la auto-duda se centra en abordar y desafiar pensamientos, creencias e inseguridades negativas que puedan socavar la confianza. Se trata de restringir el auto-hablarse negativamente, aceptar errores y fracasos como oportunidades de aprendizaje, buscar apoyo de otros y practicar el autocuidado para nutrir una mentalidad positiva.

¿Cómo superar la auto-duda?

Las estrategias para combatir la auto-duda y enfrentar los pensamientos negativos son las mismas. Prueba estos seis trucos:

1. **Desafía los pensamientos negativos:** Tus pensamientos deben ser constantemente reevaluados cuando estás con otras personas. Una vez que notes que estás a punto de entrar en la zona donde prácticamente alimentas ideas negativas, reemplázalas por otras positivas y realistas.

2. **Concéntrate en tus fortalezas y logros:** Tienes registros de grandes historias de éxito; recuérdalos y todas las fortalezas que han contribuido a ellos. Usa estos pensamientos para impulsar tu confianza y reflexionar sobre tus capacidades.

3. **Ve el fracaso como una oportunidad de aprendizaje:** Considera el fracaso

y cuando dudes, míralo como una oportunidad para aprender, crecer y volver a intentarlo. En una de sus letras, la fallecida cantante estadounidense Aaliyah dijo: "¿Qué pasa si no tienes éxito? Sacúdete y vuelve a intentarlo." Adopta una mentalidad de crecimiento para ver los contratiempos como peldaños hacia el éxito futuro.

4. **Practica la auto-compasión:** ¿Qué te recarga? ¿Es hacer ejercicio, relajarte, técnicas de yoga o pasar tiempo con seres queridos? Priorízalo y trátate con amabilidad y comprensión durante los momentos difíciles y cuando no cumplas con las expectativas.

5. **Celebra logros:** Imagínate superando un obstáculo increíblemente difícil; ¿cómo celebrarías? ¿Te enfrentarías a un desafío mayor para validar tus logros, no importa cuán pequeños sean? ¿Reformularías tu mentalidad para tener mejor autoestima y motivación? Cuestiona tu modo de reconocer esfuerzos y sé abierta a la alegría.

6. **Busca retroalimentación y apoyo:** Rodéate de mentores de confianza, colegas, amigos y profesionales que puedan ayudar cuando sea necesario. Necesitas personas que puedan proporcionar conversaciones constructivas y abiertas para obtener otras perspectivas y la seguridad de que estás en el lugar de duda solo por ahora, pero es un paso hacia algo increíble.

Estos trucos, una vez aplicados, elevarán tu personalidad a un nivel donde comiences a verte a ti misma de manera diferente.

POTENCIA TU CONFIANZA

En el liderazgo, es importante destilar positividad, incluso cuando la situación parece bastante mala. Ganar un alto nivel de respeto de los subordinados, comienza con potenciar tu confianza y tomar decisiones audaces. Hay varias maneras de hacerlo, y una cosa que debes recordar es que la confianza no solo se trata de mantenerte erguida, hablar profesionalmente, caminar con paso lento y seguro, y convencer fácilmente a las personas. Se trata de hacer todo lo posible como líder para escapar y mantenerte a salvo del miedo a estar equivocada. Es un lugar horrible estar esclavizada por el síndrome del impostor. Así que comienza ahora a potenciar tu confianza al:

1. **Reformarte a ti misma:** Asegúrate de que tu disposición, vestimenta y con-

versaciones destilen alta confianza. Este es el primer truco que la mayoría de las personas desestiman, pero que ha demostrado ser útil en más del 70% para los buscadores de empleo y líderes (Cohn, 2021). Cuando te miren, debe haber un aura que les de seguridad de tus capacidades. Comienza desde el exterior.

2. **Rodéate de actividades positivas y beneficiosas:** Todo acerca de tu vida y deseo de crecer debe estar vinculado a acciones positivas. Toma entrenamiento profesional, únete a talleres y seminarios para potenciar tus habilidades, y asiste a conferencias donde te codees con grupos de mentalidad positiva y líderes de alto nivel. Todo esto parece casual, pero tiene un impacto significativo en cómo piensas, actúas y reaccionas donde entra en juego la confianza.

3. **Desafía tu red de seguridad:** Has jugado a lo seguro durante demasiado tiempo. ¿No estás cansada de ser la chica buena que a veces es demasiado diplomática? Ve más allá para ver qué sucede. Por ejemplo, quizás siempre has temido dar presentaciones al equipo completo de ventas y marketing. Podrías salir de tu zona de confort ofreciéndote como voluntaria para dar la próxima presentación o co-presentar con un compañero de equipo. Normalmente, buscarías cualquier oportunidad para escapar de esa responsabilidad. Es hora de dejar atrás la red de seguridad, adentrarte en el océano y ver qué hay allí. O te hundes o nadas, pero aprenderás.

4. **Reescribe la historia:** Si tienes un historial de ser la piedra rechazada, ignorada, pasada por alto, subrepresentada y menospreciada, reescribe esa historia. No trabajes en tu nueva posición pensando que la historia se repetirá. Toma un nuevo enfoque para ser positiva y proactiva. Esto va especialmente para las líderes femeninas a quienes se les han cerrado puertas en la cara. Canaliza esas experiencias pasadas en fortalezas presentes para dirigir tu curso hacia el éxito.

Una de las muchas maneras de fomentar la confianza en las líderes femeninas, especialmente en el lugar de trabajo, es aprovechar la diversidad de pensamiento dentro de un ambiente laboral, lo cual discutiremos en detalle en la siguiente sección.

Los estereotipos y sesgos de género deben abordarse para asegurar que solo haya espacio para el respeto mutuo y la construcción de equipos. Siempre reconoce que cada persona piensa de manera diferente, y sus diferencias pueden ayudar a desbloquear la innovación y la creatividad para igualar y superar los estándares de la industria.

¿Cómo aprovechar la diversidad en el lugar de trabajo?

¿Cómo puede fomentarse el liderazgo femenino para nutrir el respeto, el trabajo en equipo y la innovación, sin comprometer sus intenciones? Yo digo que, aprovechando la diversidad de pensamientos, puedes lograrlo de las siguientes maneras:

- **Fomenta diálogos abiertos:** El ambiente laboral tiene un tono serio y un entorno formal. Así que, para mantener el ambiente ligero y a los empleados receptivos, fomenta un espacio seguro donde los miembros del equipo se sientan cómodos expresando sus perspectivas e ideas únicas. Anima a más diálogos donde puedan hablar libremente y participar en una escucha activa, brindando respeto a los diversos puntos de vista.

- **Haz de la inclusión una cultura:** Se debe enfatizar el valor de la inclusión. Por lo tanto, para que las líderes femeninas se sientan seguras y creen un espacio más acogedor, las perspectivas diversas y la cultura inclusiva deberían ser una parte esencial de la ética laboral. Reconoce y celebra las contribuciones de individuos de diferentes antecedentes, experiencias e identidades. Fomenta la colaboración y el trabajo en equipo, abrazando el poder de la diversidad, y verás cuánto florecerán la creatividad y el nivel de productividad.

- **Delegación de tareas mixtas:** Forma equipos con una mezcla de individuos de diversos antecedentes, experticia y formas de pensar, para reunirse y desempeñar diferentes responsabilidades. Esta diversidad puede llevar a resultados más ricos, mayor creatividad y solución innovadora de problemas. Considera rotar a los miembros del equipo en distintos proyectos. De ese modo asegurarás la polinización cruzada de ideas, con una mezcla de fortalezas y debilidades de las personas complementándose entre sí para la mejora personal.

- **Debates constructivos y conflictos saludables:** Estos nunca deberían verse como un problema o una fuente de tensión; deberían ser bienvenidos como nuevas posibilidades y oportunidades para el crecimiento y la mejora. Cuando se gestionan de manera efectiva, las perspectivas diversas pueden llevar a una mejor toma de decisiones y resultados.

- **Invierte en formación y educación sobre diversidad:** Proporciona oportunidades de formación y educación para aumentar la conciencia sobre los sesgos, los estereotipos y los beneficios de la diversidad de pensamiento. Capacita a los miembros del equipo con el conocimiento y las habilidades para manejar diversas perspectivas, promover la inclusividad y desafiar cualquier sesgo que obstaculice la colaboración.

Como líder, establecer las bases para que todos trabajen libre y felizmente, es siempre un excelente punto de partida. Recuerda que también estás en un camino para combatir el síndrome del impostor y mantenerte positiva, creando la vibra adecuada entre las personas a tu alrededor. Haz que se sientan motivadas e inspiradas trabajando contigo. Cada equipo es una parte masiva del éxito de un líder y su empresa, así que la posteridad hablará por ti una vez que emplees un estilo de liderazgo para ganar y sostener la confianza de tus empleados. Puedes explorar el Capítulo 6 para entender cómo los grandes líderes resistieron la prueba del tiempo y mantuvieron la riqueza y el reconocimiento.

6

LAS DINÁMICAS PODEROSAS DEL LIDERAZGO FEMENINO

"Una líder lleva a la gente donde quiere ir. Una gran líder lleva a la gente donde no necesariamente quieren ir, pero deberían estar."

Rosalynn Carter (Fallon, 2023)

¿Qué hace diferente al liderazgo femenino? Podrías decir que las mujeres muestran empatía porque tienen emociones altas. Pero hay más; su inteligencia emocional les permite aplicar autenticidad a sus intenciones y atención a los detalles de las actividades humanas. Su liderazgo se trata de traer perspectivas diversas a la mesa, fomentar un ambiente de trabajo colaborativo de formación de equipos, abogar por un terreno de juego inclusivo y trabajar con resiliencia para ver el éxito organizacional.

Mirando hacia atrás, a la ex primera ministra de Nueva Zelanda, Jacinda Ardern, su liderazgo se destacó entre los más excepcionales con reconocimiento global, debido a su enfoque empático hacia las situaciones de crisis y su estilo de liderazgo, que era diplomático, inclusivo y lleno de integridad.

El liderazgo en el transcurso del tiempo ha sido testigo de una serie de cambios. La época de tener líderes mayores, está desapareciendo lentamente, dando paso a personajes más jóvenes; como también a la inclusión y la diversidad, elementos que se integran para fomentar un buen liderazgo. Las personas se han vuelto específicas sobre los estilos y los valores que buscan en un líder para inspirarse. Tener un estilo es tu manera de dejar huella en cómo manejas las cosas para que pueda haber un liderazgo progresivo. Para lograr un estilo que funcione y sea aceptado, debes ser consistente y predecible.

1. La consistencia es hacer que tu liderazgo sea transparente, predecible y confiable. Es construir una base sólida donde los miembros de tu equipo estén seguros de que pueden confiar en tu integridad y proceso de toma de decisiones. Todo se trata de comunicación, relaciones interpersonales y mecanismos de resolución de problemas.

2. Nada supera a la confianza; en el estilo de liderazgo de hoy, es un requisito masivo si quieres que tu equipo te apoye. ¿Puedes cumplir tus promesas y seguir adelante con los compromisos? ¿Las personas que dependen de ti pueden estar seguras de que recibirán un trato justo y equitativo, incluso en un ambiente de deslealtad? Si todo es afirmativo, puedes estar segura de que tu equipo no solo tendrá la seguridad psicológica de saber que son apreciados y respetados, sino que también se dará lugar al incremento de la fuerza laboral.

3. Lo más beneficioso es el registro de reputación que creas para ti misma. Indira Nooyi, ex CEO de PepsiCo, tenía un estilo de liderazgo que la etiquetó como visionaria, debido a su capacidad para ver las tendencias de los consumidores con mucha antelación. Cuando lanzó "Performance with Purpose", se trataba de sostener el crecimiento mientras se consideraban los impactos sociales y ambientales. Ella se adhirió a valores, principios y estándares éticos, estableciéndose como digna de confianza. No hay nada más rentable que mostrar credibilidad y abrir puertas de oportunidades para atraer a los mejores talentos.

4. La consistencia conduce a una mejor cooperación y comunicación, eliminando el favoritismo y asegurando la equidad del equipo. Sus miembros comprenden las expectativas del líder, lo que mejora el trabajo conjunto, la productividad y el entendimiento mutuo.

Desde el principio, es evidente que ser una líder consistente se trata de construir un carácter que brinde seguridad en tu liderazgo. Así que, cada estilo tiene sus altibajos y resultados inherentes. Observa estos 12 estilos de liderazgo diferentes para comprender sus complejidades.

1. **Los Autócratas:** Todo lo que les importa es que ellos lideran, tú sigues y no tiene por qué gustarte. Tu opinión no cuenta porque eres un peón en un tablero de

ajedrez que se mueve al capricho del líder. Estos líderes pueden pensar y tomar decisiones rápidamente y ser eficientes en crisis. Pero tendrán más empleados saliendo por la puerta porque matan la creatividad y la innovación con su autocracia. El ambiente de trabajo siempre será bajo y poco emocionante.

2. **Los Demócratas:** Sin la voz y el compromiso del equipo, se sienten inútiles y sin base, ya que lo que defienden es la colaboración. Esta es una manera excelente y segura de aumentar la participación de los empleados con la misión de promover la diversidad y la inclusión. Sin embargo, esperar a que las personas sean el panel decisorio para tu próximo paso, puede ralentizar tu proceso de liderazgo, hacerte parecer incompetente para tomar decisiones, y a veces, dejarte sin nada tangible con lo que trabajar.

3. **Los Dejar-Hacer:** Tienen esa actitud de "no me importa" donde proporcionan una orientación mínima y permiten que los empleados tomen decisiones y trabajen de manera autónoma. Los empleados disfrutan del privilegio de la libertad y la autonomía; sin embargo, esto establece una estructura pobre para el ambiente. Bajo un sistema como este puede haber mucho caos y desorganización.

4. **Los Transformadores:** Inspiración y motivación es su segundo nombre, ya que siempre apuntan a un rendimiento excepcional y al crecimiento personal. Sin duda promueven el desarrollo y se esfuerzan demasiado para lograrlo. Esto podría llevar al agotamiento, y el temido síndrome del impostor podría empeorar si se prolonga.

5. **Los Transaccionistas:** El liderazgo es como un trato comercial que enfatiza las demandas, recompensas, tasa de rendimiento y expectativas claras. Esto puede beneficiar el desarrollo económico, pero ¿qué pasa con la formación de equipos y los enfoques colaborativos? Estos son ignorados y marginados con importancia mínima, lo que produce un ambiente de trabajo no empático.

6. **Los Servidores:** El enfoque está en servir, proteger y apoyar a los demás, poniendo sus necesidades primero. Promueve el trabajo en equipo, la colaboración y una cultura de trabajo positiva. La parte triste es que estos líderes a menudo son explotados por su buena naturaleza para servir. Se les considera débiles, y a veces, indecisos en un intento de ser diplomáticos.

7. **Los Carismáticos:** Estos son los líderes con mucho carácter. Tienen encanto, entusiasmo y un aura de empoderamiento. Debido a su personalidad, es fácil

sentirse motivado e inspirado a su alrededor. Pero cuando se quita la personalidad, no hay sustancia. Estos líderes pierden tracción bastante rápido, a menos que haya algo más en ellos aparte del carisma.

8. **Los Situacionistas:** Un estilo de liderazgo que se adapta a las necesidades individuales y situacionales del equipo. Esto puede ser bueno, pero requerirá mucha evaluación, comprobación y re-comprobación para tomar decisiones. El proceso es engorroso y el desarrollo a largo plazo a menudo se pasa por alto.

9. **Los Entrenadores:** Están enfocados en guiar y desarrollar a individuos para alcanzar su máximo potencial. Para garantizar el éxito de cualquier causa digna que estés persiguiendo, invertir tiempo y buscar la orientación de un líder entrenador capacitado y dedicado es esencial. Con su experiencia y enfoque profesional, el propósito y los objetivos de la causa pueden estar protegidos. El objetivo de replicar su conjunto de habilidades se ve frustrado.

10. **Los Burócratas:** Este estilo enfatiza seguir estrictamente las reglas y procedimientos. Quieren un sistema que funcione con cumplimiento y consistencia como sus palabras de orden. Una excelente estructura, pero puede ser demasiado rígida y estricta sin espacio para opiniones e innovaciones.

11. **Los Adaptativos:** Están abiertos a ajustarse a cualquier situación y fluir con la marea. Ese es el estilo de liderazgo que muestra flexibilidad y apertura al cambio.

12. **Los Auténticos:** Los líderes con este estilo de liderazgo son genuinos, transparentes y fieles a sí mismos y a sus valores. Se aferran fuertemente al comportamiento ético y la credibilidad, lo que a menudo los hace parecer demasiado rígidos e inflexibles. Este resuena como el estilo de liderazgo más destacado para ser adoptado por todos, especialmente por las mujeres que buscan liderar sin miedo.

EL LIDERAZGO AUTÉNTICO

Aunque existen muchos estilos de liderazgo, para un éxito óptimo, el liderazgo auténtico se destaca por cómo hace que las personas establezcan su verdadero ser y capacidades. En la sociedad actual, la autenticidad te distingue como alguien que no juega con la integridad y la verdad. Ganar la confianza de la gente es primordial, y si eso significa perder algunos amigos y aliados de confianza en el camino, que así sea. Con tal carácter, los líderes auténticos pueden inspirar a las personas porque están presentes, conscientes y comprometidos con el éxito. Crean un ambiente donde los miembros del equipo se sienten seguros para tomar riesgos, compartir ideas y colaborar eficazmente.

El liderazgo auténtico es clave porque ayuda a construir confianza y disipa el engaño y las inconsistencias. Las personas naturalmente tienen una inclinación a desconfiar y sospechar de los demás, especialmente cuando hay pequeñas trazas de contradicciones aquí y allá. Estas inconsistencias pueden distraer a los empleados talentosos de su trabajo, resultando en una racha negativa que reduce la productividad. Sin embargo, el liderazgo auténtico, caracterizado por la confianza, la transparencia y el apoyo, aborda este problema. Al ser creíbles, los líderes auténticos inspiran a sus miembros del equipo a sobresalir, colaborar eficazmente y alcanzar objetivos compartidos.

Registros históricos de líderes auténticas como Mary Barra (CEO de General Motors), Malala Yousafzai (activista) y Michelle Obama (ex primera dama), entre otras, revelan cómo puedes identificar las características de una líder auténtica en cinco rasgos:

- **Autoconocimiento:** Las líderes auténticas entienden sus valores, emociones, fortalezas y debilidades. Han pasado años a través de sus experiencias personales conociéndose a sí mismas y su impacto en los demás. Este auto-descubrimiento las lleva a buscar activamente alinear su comportamiento con sus principios fundamentales, para que la gente pueda apreciar aquello por lo que se esfuerzan.

- **Transparencia:** Son abiertas, honestas y transparentes en su comunicación. En la medida de lo posible, se aseguran de que la información esté actualizada y las transacciones sean contabilizadas para evitar agendas ocultas y fomentar un ambiente de confianza dentro de sus equipos.

- **Veracidad:** Para ellas, el liderazgo sobresaliente se trata de honestidad e integridad. Cada acción debe realizarse con una mentalidad humilde para mantener la rectitud al admitir errores y sostener la integridad en la toma de decisiones.

- **Disposición:** Es una líder que está dispuesta a aprender, desaprender, reconocer sus limitaciones y las contribuciones de otros. Eso es auténtico y humilde. Cuando aprendes de otros, anhelas escuchar sus comentarios y los usas en tu beneficio, promueves tu integridad y empoderas a los miembros del equipo.

- **Empatía e integridad:** Siempre se esfuerzan por demostrar empatía entendiendo y valorando las perspectivas y emociones de los demás. Muestran un cuidado y consideración genuinos por el bienestar de los miembros de su equipo, mientras intentan alinear esto con sus valores y estándares éticos. Es un carácter que es noble y humano al mismo tiempo.

La lista es interminable. Es porque el liderazgo auténtico es único y altamente apreciado por los miembros del equipo. En manos de una líder auténtica, los miembros del equipo se sienten motivados porque estas líderes saben cómo crear un ambiente donde los individuos se sienten valorados, apoyados e inspirados.

Cuando Ramona, una graduada en comunicaciones de 37 años, se sentó para una entrevista en una prestigiosa agencia de publicidad, se sintió como pez fuera del agua. A pesar de sus credenciales, sus luchas personales, incluyendo la obesidad y la baja autoestima, eclipsaron enormemente su potencial. Se preguntaba si podría tener éxito entre los graduados de élite que llenaban las filas de la empresa. Sin embargo, a mitad de la entrevista, ocurrió algo notable. La CEO vio más allá de las inseguridades de Ramona y reconoció una joya oculta. Ignorando los prejuicios sociales, pudo ver a una mujer que, a pesar de luchar contra el síndrome del impostor, tenía el potencial no explotado para impulsar a la empresa hacia adelante.

La CEO aprovechó el momento, involucrando a Ramona en una conversación sincera sobre su valor y su importancia para la empresa. Esto no fue favoritismo: fue un liderazgo empático en acción, una herramienta potente para encender el potencial dormido. Las líderes auténticas sobresalen en esto. Empoderan a los miembros de su equipo, fomentan la colaboración, proporcionan retroalimentación constructiva y celebran los logros, guiando a sus equipos hacia objetivos compartidos. Ven más allá de las limitaciones percibidas y ayudan a su gente a descubrir las mejores versiones de sí mismos.

Es por eso que las líderes auténticas pueden motivar a los equipos e introducir métodos que combinados con algunos de los estilos mencionados anteriormente, logran alcanzar un éxito óptimo.

Mejores combinaciones de estilos de liderazgo

1. **Líderes transformacionales:** inspiran y motivan a sus miembros del equipo estableciendo altas expectativas, fomentando la creatividad y promoviendo el crecimiento individual. Por lo tanto, una vez que lo combinas con el liderazgo auténtico, obtienes una mezcla poderosa que inspira a otros a alcanzar su máximo potencial mientras se construye confianza y autenticidad dentro de la

organización.

2. **Líderes serviciales:** priorizan el bienestar y desarrollo de sus miembros del equipo. Trabajan bien con los líderes auténticos para construir un ambiente de apoyo donde los líderes se preocupan genuinamente por sus empleados y comparten un sentido común de propósito.

3. **Líderes democráticas:** involucran a sus miembros del equipo en la toma de decisiones, valorando sus aportes y perspectivas y buscando maneras de incorporar sus ideas en el esquema de las cosas. Conectar esto con el liderazgo auténtico promueve la transparencia, la comunicación abierta y la inclusividad. Aquí, los empleados se sienten empoderados para contribuir con ideas y fomentar un sentido de propiedad y compromiso.

4. **Líderes entrenadoras:** se centran en desarrollar las habilidades y capacidades de sus miembros del equipo a través de la mentoría y la guía. Al igual que las líderes auténticas, su objetivo es proporcionar una estructura de apoyo y una cultura orientada al crecimiento para sus miembros del equipo.

Todas estas conexiones muestran que el liderazgo auténtico es un compañero perfecto para casi cualquier persona que desee que su modo de liderazgo resuene de manera diferente.

¿Cómo mantener la autenticidad?

Cualquier líder femenina que desee desarrollar y mantener la autenticidad a largo plazo, nunca debería olvidar estos ocho pasos rápidos y sencillos:

1. Reflexiona sobre tus valores y creencias fundamentales.

2. Practica la autoconciencia y la autorreflexión.

3. Busca retroalimentación de los demás.

4. Desarrolla la inteligencia emocional.

5. Construye relaciones genuinas.

6. Acepta la vulnerabilidad y la autenticidad.

7. Alinea tus acciones con tus valores.

8. Continúa aprendiendo y creciendo como líder.

Siguiendo estos pasos, aprovecharás un estilo de liderazgo que apunta al éxito, especialmente en el lugar de trabajo, porque has llegado lejos estableciendo confianza y credibilidad a través de una transparencia consistente. Las personas se sienten inspiradas y motivadas cuando lideras apasionadamente con un compromiso inquebrantable. Lo mejor de todo es que tu comunicación abierta y enfoque colaborativo han desbloqueado el pleno potencial de tus equipos, impulsando más innovación y aumentando la productividad.

Todo esto ha creado una líder femenina auténtica cuyo estilo de liderazgo demuestra empatía, apoyo al crecimiento y desarrollo, y una cultura laboral positiva que atrae al mejor talento, mejora el compromiso de los empleados y allana el camino para el éxito a largo plazo en la organización.

Tu estilo de liderazgo tiene un impacto significativo en quienes te rodean. Establece el tono, inspira a otros y demanda respeto, sin importar los prejuicios. Siempre aprovecha tu estilo de liderazgo al máximo y mantén la consistencia una vez que hayas identificado tu enfoque más efectivo. Hacerlo cultivará una mentalidad de crecimiento que se alinee con tu estilo de liderazgo, permitiendo la mejora continua y el éxito. ¿Tienes una mentalidad de crecimiento o una mentalidad fija? El Capítulo 7 te educará mejor.

7

LA MENTALIDAD DE CRECIMIENTO SIN MIEDO

"Lo mejor que puedes hacer por todo el mundo es aprovechar al máximo tu potencial."

Wallace Wattles (Hannah, 2020)

Quizás no lo sabías, pero alcanzar el éxito en la vida nunca se ha logrado a través de un destino fijo. Es fluido y evoluciona con nuestro cambio de mentalidad, porque nuestros objetivos nunca dejan de expandirse, aunque hayamos cumplido nuestros deseos iniciales. Mantener esta perspectiva de liderazgo requiere adoptar una mentalidad de crecimiento donde nuestra inteligencia se nutre y desarrolla basándose en la capacidad ilimitada de adquirir nuevas habilidades.

Solo tú tienes el poder de liberar la extraordinaria mentalidad de crecimiento dentro de ti. Pero, ¿qué es realmente esta mentalidad?

Una mentalidad de crecimiento es la comprensión de que tus habilidades e inteligencia pueden desarrollarse y mejorarse a través del esfuerzo, el aprendizaje constante y la perseverancia ante desafíos difíciles. Para mantenerte animada, siempre reconoce que tus talentos y habilidades no son rasgos fijos, sino que pueden ser mejorados con nuevos conocimientos e influencias positivas. Según la Harvard Business Review, una mentalidad de crecimiento desafía los conceptos erróneos de que tenemos o no lo necesario para crecer, lo que conduce al éxito. Nota que la actitud correcta, las estrategias y el apoyo pueden llevarte a crecer continuamente y alcanzar un mayor rendimiento y satisfacción en varias áreas de tu vida. Una coach de liderazgo estadounidense, Linda Scott, dice: *"Siendo adulta y teniendo una mentalidad de crecimiento, debes poseer el deseo de aprender, fallar, investigar, expandirte y evolucionar."* (LinkedIn, n.d.)

MITOS COMUNES

Esto significa que una mentalidad de crecimiento es un proceso que a veces puede ser secuencial, lo que explica por qué existe el mito común de tenerla o no. O naces con el deseo innato de crecer o aprecias la zona de confort y tienes demasiado miedo para hacer cambios. Aunque esto pueda parecer un rasgo de muchas personas, investigaciones han demostrado que todos pueden desarrollar una mentalidad de crecimiento con esfuerzo intencional y práctica. Por ejemplo, Jenny trabajó como joyera en una empresa durante más de 15 años, con esto pagaba sus cuentas y le daba suficiente tiempo para su familia, lo cual es genial. Entonces, un día, se da cuenta de que está hecha para más y puede convertirse en su propia jefa. Todo lo que se necesita es investigar, evaluar todos los riesgos y éxitos involucrados, y dar el paso audaz de intentar comenzar como una líder sin miedo con una mentalidad potencialmente creciente. Esto se llama, emanciparse de estar bien con lo normal a intentar algo nuevo y prometedor, que es de lo que trata una mentalidad de crecimiento.

Otro mito es la creencia de que el esfuerzo solo puede llevar al éxito. Si bien el esfuerzo es esencial, debe combinarse con estrategias prácticas, retroalimentación y aprendizaje continuo para maximizar el crecimiento. Es por eso que Jenny pudo despegar y visualizar su potencial como propietaria independiente. Necesitas crear espacio para una evaluación mental de lo que quieres y lo que se necesitará para llegar allí. Ese es el comienzo.

También existe el mito de que la mentalidad de crecimiento descarta la importancia del talento natural o que garantiza el éxito instantáneo. En realidad, una mentalidad de crecimiento valora y requiere tanto el esfuerzo como las habilidades innatas, porque la combinación enfatiza la importancia de aceptar desafíos, persistir a través de contratiempos y buscar oportunidades para crecer y mejorar.

Para desarrollar y mantener una mentalidad de crecimiento, es crucial reconocer que el crecimiento y el aprendizaje son procesos de toda la vida. La Harvard Business Review cree que debes enfrentar y abordar limitaciones y deficiencias, como oportunidades valiosas de aprendizaje en lugar de asumirlas como deficiencias personales. Dedicar tiempo a cultivar la autoconciencia y buscar retroalimentación de otros, puede ayudar a identificar áreas para crecer y mejorar. No te sientas demasiado orgullosa o tímida para que tus ideas y trabajos sean criticados y evaluados, porque no hay mejora para el trabajo oculto. Desafía constantemente tus ideas y a ti misma saliendo de tus zonas de confort y tomando medidas proactivas para avanzar en el desarrollo continuo. Una vez que estés en este punto, será el comienzo de liberarte de toda ideología de mentalidad fija.

MENTALIDAD DE CRECIMIENTO VS. MENTALIDAD FIJA

Observar todos los componentes de una mentalidad de crecimiento presenta un contraste evidente con una mentalidad fija. Mientras que la mentalidad fija asume que nuestras habilidades e inteligencia son rasgos estáticos que no pueden cambiar significativamente, la mentalidad de crecimiento cree en el potencial de crecimiento y desarrollo. Con una mentalidad de crecimiento, las personas entienden que sus habilidades y talentos actuales son puntos de partida y que pueden expandir sus capacidades a través de la dedicación, el aprendizaje y el esfuerzo. Si Ben Carson hubiera escuchado a las voces que criticaban sus habilidades de aprendizaje deficientes, no se habría convertido en el renombrado neurocirujano, autor y político estadounidense que se celebra hoy. Eso es lo que puede hacer una mentalidad de crecimiento: fomenta la creencia en el poder del progreso y la capacidad de transformación personal.

Dispositivos Críticos

Pero todo comienza con algunos dispositivos críticos:

- No seas ambigua ni tengas miedo de enfrentar desafíos, contratiempos y dudas sobre ti misma. Es una experiencia humana compartida que necesita suceder para que comprendas que hay espacio para la mejora y la resiliencia.

- Apunta a utilizar estrategias efectivas, busca apoyo y cree en tu potencial de crecimiento.

- Reemplaza las creencias limitantes y el auto-habla negativa con declaraciones positivas y afirmativas. Di con orgullo: "Puedo aprender" y "Puedo mejorar".

- Cultiva el optimismo, la curiosidad y la voluntad de abrazar nuevas oportunidades para aprender y desarrollarte.

Sobre todo, permite que tus patrones de pensamiento y creencias cambien a un modo más audaz y aventurero, donde tu visión y misión se basen en valores y el crecimiento se haga realidad en la práctica.

DESARROLLANDO UNA MENTALIDAD DE CRECIMIENTO

No importa cuán lejos llegues en la vida, sigue desarrollando una mentalidad de crecimiento al:

- **Cultivar un sentido de propósito:** Encuentra significado y dirección en tu viaje de crecimiento, manteniendo en mente tus metas y aspiraciones.

- **Celebrar a los demás, especialmente a tu equipo:** Fomenta un ambiente colaborativo y de apoyo reconociendo y celebrando los logros y el crecimiento de los miembros de tu equipo.

- **Valorar el crecimiento más que la rapidez:** Prioriza la mejora continua en lugar de centrarte únicamente en los resultados inmediatos. Acepta el proceso de desarrollo y progreso.

- **Tomar acción:** Pon en práctica tu mentalidad de crecimiento tomando consistentemente pasos hacia tus objetivos, aprendiendo nuevas habilidades y aplicándolas de manera práctica.

- **Acoger la crítica constructiva:** Acepta los comentarios y las críticas constructivas como oportunidades para tu crecimiento y desarrollo personal. Considéralos como perspectivas valiosas para mejorar.

- **Reenfocar el fracaso:** Cambia tu perspectiva sobre el fracaso, viéndolo como un peldaño para aprender y crecer. Acepta las lecciones y los conocimientos adquiridos de los fracasos.

- **Participar en la reflexión y el autoanálisis:** Reflexiona regularmente sobre tus experiencias, desafíos y éxitos para obtener una comprensión más profunda y ajustarte para un crecimiento continuo.

- **Aprender de los errores del equipo:** Reconoce que los errores ocurren y considéralos como oportunidades de aprendizaje. Aprende de los errores de otros en tu equipo para evitar caer en las mismas trampas y fomentar el crecimiento colectivo.

- **Abrazar el poder del "aún":** Reemplaza las creencias limitantes con la comprensión de que puedes desarrollar habilidades y capacidades con el tiempo. Cambia de "no puedo hacerlo" a "aún no puedo hacerlo", enfatizando el potencial de crecimiento.

- **Celebrar el crecimiento y el progreso:** Reconoce y celebra tus logros, sin importar su tamaño. Reconoce tu progreso, usándolo como motivación para seguir esforzándote y aspirar a la excelencia.

Al esforzarte por la excelencia, no es suficiente verte en la cima; debes encontrar las mejores formas de llegar allí y mantener un alto estándar. Esto viene con sus demandas, una de las cuales es la acción de mejorar tus habilidades.

MEJORA DE HABILIDADES

En el mundo de hoy, mejorar las habilidades se está convirtiendo en el foco de atención para la mayoría de las agencias de empleo. Los líderes están comenzando a ver cuán importante es elevar su nivel, desafiando a sus empleados a ser más audaces en mejorar el suyo. Esto solo puede significar que mejorar habilidades es el futuro del desarrollo y el mejoramiento del rendimiento. Añadir más conocimiento a lo que ya tienes porque quieres crear relevancia es el comienzo de mejorar habilidades. En una encuesta realizada por LinkedIn en 2020, el 94% de los empleados confirmó que se quedarían más tiempo en una empresa que invirtiera en su desarrollo profesional, y el 58% de los empleados dijo que serían más propensos a recomendar su organización como un excelente lugar para trabajar si se sintieran apoyados en sus esfuerzos por mejorar habilidades (LinkedIn, n.d.).

Beneficios de la Mejora de Habilidades

Con las estadísticas proporcionadas anteriormente, podemos inferir que los beneficios de mejorar habilidades son numerosos y continúan creciendo con el tiempo.

- Los programas de mejora de habilidades generan un fuerte retorno de la inversión (ROI) y suelen ser más económicos que solucionar problemas en el lugar de trabajo. Con la mejora de habilidades, el rendimiento crece al máximo, dejando poco o ningún espacio para errores que puedan costarle caro a la empresa.

- Ofrecer formación gratuita aumenta las tasas de retención de empleados y reduce la rotación y los costos de contratación. Con más empleados dispuestos a participar en el aprendizaje de nuevas habilidades, es más fácil rotar a las personas en los roles de trabajo en lugar de traer nuevo talento. Además, los empleados siempre buscan oportunidades de crecimiento, ¿por qué no ofrecerles lo mejor y verlos en su mejor momento? Con la mejora de habilidades, el compromiso del empleado mejora y sus demandas de desarrollo profesional y oportunidades de capacitación quedan bien satisfechas.

- La productividad del empleado se optimiza al mejorar su comprensión y competencia en tecnologías relevantes. En la era de la tecnología, es imprescindible mantener a los empleados actualizados, ¿y qué manera más efectiva de hacerlo que mejorarando sus conocimientos y preparándolos para la era tecnológica en evolución?

- Los empleados sienten una motivación creciente para intentar y aprender cosas nuevas.

- El desarrollo de habilidades de los empleados aumenta la satisfacción del consumidor, ya que al capacitar al personal se le permite resolver mejor los problemas de los clientes. Así, su sentido de empatía y entusiasmo por satisfacer necesidades y construir una mejor comunicación viene acompañado con pasión y profesionalidad.

- Las organizaciones permanecen competitivas al mantenerse al día con las tendencias de la industria y adquirir nuevas habilidades para satisfacer los cambios en el mercado. Nada les pasa desapercibido porque siempre aspiran a estar muy por delante.

Esa es la idea detrás de añadir más habilidades a las que ya tienes. Capacitarte más nunca será demasiado, porque todo es relevante.

Mejora de Habilidades vs. Reentrenamiento

Ha habido varios conceptos erróneos sobre las conexiones y similitudes entre "Mejora de Habilidades" y el concepto de "Reentrenamiento". Aunque ambos objetivos se orientan hacia el desarrollo profesional y la mejora del desempeño laboral, sus enfoques difieren.

En la mejora de habilidades, se trata de adquirir habilidades adicionales y mejorar las habilidades existentes para mantenerse al día con los requisitos laborales en evolución y las tendencias de la industria dentro de un campo particular. Quieres alcanzar una comprensión más profunda o competencia en áreas específicas, por lo que trabajas en expandir tu experiencia y mantenerte relevante. Mientras que el reentrenamiento implica adquirir habilidades completamente nuevas para hacer una transición a un trabajo o campo diferente. Esto ocurre típicamente cuando las personas necesitan cambiar sus trayectorias profesionales debido a avances tecnológicos, cambios en la demanda de la industria, u otros factores que hacen que sus habilidades existentes queden obsoletas y necesiten una actualización.

Por ejemplo, Sarah, una desarrolladora de software, reconoció los cambios en las demandas de la industria. Ella buscó mejorar sus habilidades para profundizar su conocimiento en tecnologías emergentes como el aprendizaje automático. Intrigada por la blockchain, se reentrenó y se convirtió en una desarrolladora de blockchain competente. Los esfuerzos combinados de Sarah en mejorar sus habilidades y el reentrenamiento, le permitieron navegar por el paisaje tecnológico en evolución y construir una trayectoria profesional gratificante. No le asustaban las demandas adicionales sobre ella para aprender y reaprender; más bien, estaba ansiosa por probar otro camino en su carrera. Como dice Karen Salmansohn, oradora motivacional y autora, *"Una mujer exitosa construye una base sólida con los ladrillos que otros le han lanzado"*. (Citas de Karen Salmansohn (Autora de How to Be Happy, Dammit), n.d.)

Estrategias de Mejora de Habilidades

Como líder femenina influyente, debes fomentar que las personas, especialmente las mujeres, vean los desafíos y contratiempos como oportunidades de crecimiento. Al construir continuamente sus habilidades y adaptarse a nuevas circunstancias, pueden asentar una base sólida para el éxito, sin importar los obstáculos.

Para lograr esto, cada líder necesita una excelente estrategia de mejora de habilidades que proporcione destrezas duraderas con una tracción de ROI del 110%. Estas pueden ser:

- Identifica las brechas de habilidades y apunta a áreas específicas para mejorar. No te conformes con lo habitual. Siempre aspira a traer algo nuevo y fresco para cambiar el statu quo.

- Ofrece oportunidades continuas de capacitación y desarrollo, como talleres, seminarios web y cursos en línea. Tan a menudo como sea posible, cada tendencia en el mercado debe ser discutida en mesas redondas para ver cómo esto puede aprenderse e incorporarse manteniendo las mejores prácticas.

- Implementa programas de mentoría y rotaciones laborales para ofrecer experiencias de aprendizaje valiosas. Como líder, haz que el trabajo sea interesante para los empleados cambiando las cosas de vez en cuando para evitar que el trabajo sea monótono.

- Realiza evaluaciones y valoraciones para determinar las necesidades de habilidades. Controlar la entrega y los estándares de trabajo de los empleados ayudará a evaluar cómo se puede reestructurar y fortalecer la deficiencia de cada uno.

- Utiliza plataformas de aprendizaje en línea como Coursera, Udemy, LinkedIn Learning y más, para alentar a los empleados a acceder a oportunidades de crecimiento gratuitas. En el camino, pueden aprovechar los recursos y talleres proporcionados por asociaciones y organizaciones profesionales. Algunos de los cursos pueden ser:

1. "Liderazgo e influencia" por Dale Carnegie.

2. "Liderazgo con inteligencia emocional" por Daniel Goleman.

3. "Liderazgo y gestión estratégica" por la Universidad de Stanford.

4. "Comunicación en liderazgo" por la Universidad de Harvard.

5. "Liderando equipos: Inspirando excelencia" por la Universidad de Michigan.

6. "Programa de Desarrollo de Liderazgo Ejecutivo" por la Escuela de Negocios Wharton.

7. "Liderazgo transformacional" por la Universidad de Queensland.

8. "Liderazgo para el éxito: Inteligencia emocional en liderazgo" por la Universidad Case Western Reserve.

9. "Liderazgo en organizaciones del siglo XXI" por la Escuela de Negocios de Copenhague.

10. "Liderazgo y gestión" por la Universidad de California, Irvine.

Las estrategias antes mencionadas, son actividades que moldean la mente para el crecimiento, y oportunidades que no debes tomar a la ligera, si es que deseas ser recordada como una líder audaz y auténtica. Ten en cuenta, sin embargo, que por bueno que esto sea, todavía hay trampas que cada líder debe evitar mientras se adentra en una mentalidad de crecimiento a través de la mejora de habilidades.

TRAMPAS

Entiende que esta es la era digital, y el enfoque del aprendizaje ha tomado una nueva dimensión. Puedes integrarte o quedarte anticuada, un error común que cometen muchos líderes. Pero al integrar recursos digitales a la capacitación, no caigas en la trampa de depender solo de la educación formal o programas sobre teorías y principios con montones de lectura. Si haces esto, la mitad del tiempo perderás a tu audiencia por la confusión y la indiferencia. Debes planificar actividades para aplicar el conocimiento teórico con la experiencia práctica.

Otra trampa es ofrecer habilidades disponibles en lugar de lo que es necesario. Como líder que comprende completamente su empresa, debes saber lo qué es relevante y necesario para hacer que tus empleados se destaquen. Las irrelevancias solo mantendrán a los empleados rezagados en la competencia cuando surjan nuevas oportunidades. Por lo tanto, reevalúa continuamente las habilidades porque las industrias evolucionan rápidamente; debes prever lo que será valioso.

Es esencial realizar una autoevaluación exhaustiva de tu fuerza laboral para evitar un enfoque único para todos. Reconoce que mientras algunos empleados tienen el potencial para aprender y mejorar sus habilidades, otros prosperan cuando están inmersos en tareas prácticas. Como líder colaborativa, estas evaluaciones siempre están a tu alcance para entender que, diferentes individuos pueden tener preferencias de aprendizaje únicas. Es tu tarea proporcionar oportunidades de capacitaciones diversas que puedan atender estos diferentes estilos y necesidades, así crearás una variedad de aprendizaje y un hambre de mejora de habilidades. Esto, a su vez, conduce a una mayor retención de empleo y alta recomendación para cualquier organización.

Estrategias para Evitar Trampas

Mejorar habilidades implica usar estrategias inteligentes siempre que sea posible. El aprendizaje no tiene por qué ser exigente o cansado porque hay formas de hacerlo conveniente, atractivo y emocionante al mismo tiempo, por lo tanto, evita la trampa de las capacitaciones tediosas.

- **Sesiones de descanso con expertos:** Durante los recesos para almorzar puedes organizar sesiones en donde especialistas externos compartan sus conocimientos sobre temas específicos. Fomenta la participación y crea un ambiente de apoyo para el aprendizaje continuo.

- **Aprendizaje y capacitación virtual:** Utilizar la tecnología con software en línea es una excelente manera de proporcionar a los empleados la flexibilidad de capacitarse de forma remota y a su conveniencia. Asigna los recursos necesarios y promueve la participación para asegurar una implementación exitosa.

- **Mentoría por empleados experimentados:** Aprovecha la experiencia de los mentores internos para proporcionar capacitación y orientación en el trabajo. Fomenta una cultura de aprendizaje y reconoce logros para alentar tanto a mentores como a aprendices.

- **Sesiones de microaprendizaje:** Ofrece sesiones de capacitación cortas y enfocadas, como videos seguidos de ejercicios y cuestionarios que puedan completarse en minutos. Proporciona materiales fácilmente accesibles y monitorea el progreso para asegurar resultados de aprendizaje efectivos.

- **Desarrolla un plan integral:** Identifica las brechas de habilidades y crea un plan de mejora de capacidades personalizado. Asigna recursos, proporciona orientación y monitorea el progreso para lograr los resultados deseados.

- **Fomenta una cultura de aprendizaje y alienta la participación:** Promueve los beneficios de la mejora de habilidades, involucra activamente a los empleados en oportunidades y crea un ambiente que valore el aprendizaje continuo.

- **Proporciona apoyo, orientación y reconocimiento:** Ofrece el apoyo y asesoramiento necesarios a los empleados a lo largo de su trayectoria de mejora de habilidades. Reconoce y premia los logros para motivar y reforzar la importancia del desarrollo continuo.

¿Lo ves, verdad?

Tener hambre de crecimiento puede llevarte a lugares que nunca pensaste posibles. Ese es el poder de tener la mentalidad correcta. Así que, abraza la mejora de habilidades y sigue luchando por más éxito. Es un viaje sin fin que alimenta tu desarrollo y te hace el tipo de líder femenina con quien cada empleado anhela trabajar codo a codo. A medida que avanzamos, exploremos en el próximo capítulo lo que te impulsa al éxito.

8

ENCUENTRA TU "POR QUÉ" Y LIDERA CON PROPÓSITO

"El trabajo duro es doloroso cuando la vida carece de propósito. Pero cuando vives por algo más grande que tú misma y la gratificación de tu ego, el trabajo duro se convierte en una labor de amor."

Steve Pavlina (Nemeth, 2020)

Si aún no has entendido que tu existencia en esta vida no es accidental sino intencional, entonces no sabes cuán valiosa eres. La primera regla para vivir una vida plena y con propósito es saber que naciste para marcar la diferencia tanto en ti misma como en las personas a tu alrededor. Una vez que piensas de esta manera, creas espacio para perseguir el éxito y ver cuán valioso es encontrarte a ti misma y usar tu superpoder para inspirar a otros.

Al intentar encontrar un propósito, las personas siempre tienen preguntas en mente:

- ¿Por qué soy diferente?

- ¿Por qué es vital para mí aprender esto o aquello?

- ¿Por qué necesito hacer esto y aquello?

- ¿Por qué les importa a ellos o a mí?

Estas preguntas son esperadas y relevantes para cualquiera que busque crecer, tener éxito y crear ideas visionarias para inspirar y motivar a más personas. Las mujeres siempre pasan por esta fase en algún momento de sus vidas. Muchas preguntas sobre la vida surgen en su cabeza, y sienten que un enorme peso recae sobre sus hombros porque necesitan respuestas y rápido. Mucho depende de cómo las respuestas que reciben impactan sus vidas y las de quienes las admiran. La famosa escritora y autora Maya Angelou dijo: *"Cada vez que una mujer se defiende a sí misma, sin saberlo posiblemente, o incluso sin reclamarlo, defiende a todas las mujeres."* (Top 25 Frases de Maya Angelou (de 1010) | A-Z Quotes, n.d.)

Al trabajar para crear relevancia para el lugar de las mujeres en el liderazgo, especialmente en el lugar de trabajo, estás despertando a más mujeres para que comprendan su propósito, se encuentren a sí mismas y alineen sus necesidades para establecer la mejor versión de sí mismas. Esto nos lleva de vuelta a la pregunta del "por qué". ¿Cómo importa tu "por qué" en ayudarte a tener éxito y permitir que tu equipo se motive? Entre muchas cosas, la respuesta se puede encontrar en la Jerarquía de Necesidades de Maslow.

JERARQUÍA DE NECESIDADES DE MASLOW

Es una teoría que propone que cada individuo tiene un flujo de necesidades que deben satisfacerse, antes de que puedan reconocer que están viviendo su mejor vida. Este flujo ilumina el camino hacia la pasión, la motivación y la inspiración que todo líder debería poseer para transferir esta autorrealización a sus empleados para una máxima satisfacción igualitaria.

Comienza con cómo llegas a satisfacer tus necesidades de manera sistemática, para alcanzar tu máximo potencial y liderar una vida verdaderamente plena. La Pirámide de Maslow es a menudo llamada un marco psicológico para entender las necesidades individuales y su interacción. Una vez entendido, puedes obtener valiosas perspectivas sobre qué motiva el comportamiento humano y qué se necesita para alcanzar la autorrealización. En el liderazgo, puedes tener las cuatro ases en la mano, ya que comprenderás completamente qué puede hacer que tus empleados se comprometan y tengan éxito en su trabajo.

En pocas palabras, Maslow alinea cinco etapas de necesidades vitales para que todos comprendan en qué faceta están para llegar al punto cumbre de su vida. Desde las necesidades fisiológicas básicas necesarias para la supervivencia, como comida, agua y refugio, hasta las necesidades de nivel superior de amor y pertenencia, autoestima y autorrealización, la pirámide muestra el viaje humano hacia el crecimiento personal.

Supón que estás interesada en una existencia que involucra la auto-mejora. En ese caso, este es definitivamente el modelo a seguir, y es lo que muchas grandes líderes femeninas han seguido para llegar a la cima de sus carreras.

Recuerda la historia de Malala Yousafzai, una valiente defensora de la educación de las niñas, quien, a pesar de enfrentarse a adversidades en Pakistán, reconoció la importancia de satisfacer necesidades fisiológicas básicas, como seguridad, educación (que era muy criticada para las mujeres) y atención médica. Priorizó su seguridad mientras continuaba hablando, desafiando el régimen opresivo de los talibanes y luchando por un futuro más seguro para las niñas, porque creía que había más para las niñas que vivir relegadas. Con el amoroso apoyo de su familia y una red global a la que se conectó para su lucha, Malala encontró un sentido de pertenencia, empoderándola para persistir en su misión y motivando a más niñas a levantarse por sus derechos. Aunque recibió reconocimiento y premios internacionales, Malala se mantuvo humilde, usando su plataforma para amplificar voces marginadas y luchar por la igualdad. Su activismo ha provocado muchos despertares en el Medio Oriente, Asia y África. A través de su dedicación inquebrantable, Malala logró la autorrealización, estableciendo el Fondo Malala y abogando por la educación de las niñas en todo el mundo. La historia de Malala desvela un ejemplo perfecto de cómo una líder femenina que cumple con las necesidades de la vida, puede impulsar a más líderes y mujeres a superar obstáculos, inspirar cambios y tener un impacto duradero.

La Jerarquía de Necesidades de Maslow muestra que ciertos requisitos previos, como la libertad de expresión y vivir en una sociedad justa, pueden ayudar enormemente al progreso natural de la vida. Aprender y comprender el mundo que nos rodea es esencial, sirviendo a propósitos prácticos e innatos. Aunque las necesidades se presentan en una jerarquía, no son estrictamente lineales, y los individuos a menudo tienen necesidades parcialmente satisfechas. Además, un comportamiento puede satisfacer múltiples necesidades simultáneamente. Las percepciones de Maslow nos recuerdan que nuestro viaje a través de la jerarquía es complejo e interconectado, dando forma a nuestra búsqueda de autorrealización.

¿Qué son las "Necesidades"?

Con la teoría viene una definición de las necesidades en el camino de cada individuo para lograr la vida deseada. Podemos dividir nuestras necesidades en dos partes: necesidades de deficiencia y necesidades de crecimiento.

Necesidades de Deficiencia

Las necesidades de deficiencia son aquellas que surgen cuando te sientes privada o carente de algo esencial. Son los fundamentos de supervivencia y bienestar que impulsan a las personas a buscar satisfacción. Incluyen los primeros cuatro niveles de la jerarquía:

- **Necesidades fisiológicas:** Estas son las necesidades biológicas básicas para la supervivencia, como comida, agua, refugio, sueño y bienestar físico, todo lo que necesitas para sentirte cómoda y libre de estrés, para no agobiarte con preocupaciones.

- **Necesidades de seguridad y protección:** Se trata de tener un entorno seguro y estable libre de daños físicos o psicológicos. Incluyen seguridad personal, estabilidad financiera, seguridad laboral, salud y protección contra peligros como acoso, asalto o incluso desastres.

- **Necesidades de amor y pertenencia:** Todos necesitan establecer conexiones. Tu capacidad para ganar aceptación y tener relaciones significativas satisfará la necesidad de ser amada, formar amistades, lograr intimidad, pertenecer a una comunidad o grupo y tener relaciones interpersonales positivas.

- **Necesidades de estima:** Estas necesidades abarcan el deseo de autoestima y reconocimiento por parte de otros. Involucran sentimientos de valía personal, confianza, logro, respeto de los demás y la necesidad de reconocimiento o estatus. Aunque las necesidades de deficiencia están en un nivel inferior, motivan a las personas a esforzarse por satisfacerlas, sabiendo que su ausencia crea una sensación de insatisfacción. Sin embargo, una vez satisfechas, las personas pueden progresar a necesidades de nivel superior, conocidas como necesidades de crecimiento o ser.

Necesidades de Crecimiento

Estas son las necesidades de nivel superior en la Pirámide de Maslow. A diferencia de las necesidades de deficiencia, que surgen de la privación, las necesidades de crecimiento emergen del deseo de desarrollo personal y de realizar el propio potencial. Si quieres destacar e impactar, estas necesidades demandan un enfoque en la autorrealización y la búsqueda de un significado y propósito en la vida. Puedes identificarlas como:

- **Necesidades cognitivas:** El deseo de conocimiento, comprensión y crecimiento intelectual. Es una búsqueda interminable de adquirir todos los aspectos del aprendizaje y mantiene a las personas buscando expandir su inteligencia, participar en esfuerzos académicos y explorar nuevas ideas y conceptos.

- **Necesidades estéticas:** Las necesidades estéticas implican apreciar la belleza, el arte y la creatividad. Tu placer estético se pone a prueba. ¿Cuál es tu amor por el arte moderno, la música, la naturaleza u otras formas de expresión creativa? Estos son los deseos que se buscan.

- **Autorrealización:** El nivel más alto de la jerarquía representa la necesidad de crecimiento personal, cumplimiento y realización del potencial propio. La trascendencia, como la llaman algunos estudios, es el punto alto de tu vida donde todo se trata de crecimiento y autenticidad, y tu camino hacia la autorrealización y el crecimiento personal se vuelve único para cada persona, basado en cómo deseas que la autorrealización se refleje en tu historia.

TEORÍA EXPANDIDA DE LA JERARQUÍA DE NECESIDADES DE MASLOW

Lo grandioso de la Pirámide de Maslow es su atemporalidad. A través de las generaciones, sigue siendo el intento más realista de comprender las necesidades humanas. Sin embargo, el tiempo ha demostrado que, con la evolución del comportamiento humano, las personas han desarrollado un apetito por más y ya no se satisfacen con lo habitual. Es por esto que en la década de 1970, los investigadores emprendieron un estudio para ver cómo podrían desarrollar una Teoría Expandida de la Jerarquía de Necesidades de Maslow.

Es así como los cinco niveles motivacionales, que siempre se han conocido como la Pirámide de Maslow y fueron conceptualizados en 1943, se ampliaron con tres necesidades adicionales, como se mencionó anteriormente. Aunque muchos dudaron de la importancia de estas nuevas ideas en comparación con lo que ya se conocía y aceptaba, su reconocimiento fue crucial para satisfacer las necesidades que surgían con el tiempo, especialmente en lo que respecta a las personas y los objetivos de liderazgo.

- La teoría expandida reconoce que ciertos prerrequisitos, como la libertad de expresión y vivir en una sociedad justa, facilitan las necesidades. Una vez que estos factores externos se cumplen, crean un entorno propicio para los individuos.

- Se enfatiza la importancia de aprender y comprender el mundo que nos rodea.

El conocimiento se expande para obtener perspectivas sobre nuestro entorno y cómo puedes contribuir a satisfacer necesidades específicas y cumplir un deseo inherente.

- Las necesidades van más allá de ser jerárquicas o lineales porque las personas a menudo tienen necesidades parcialmente satisfechas en cualquier momento dado. Además, su progreso a través de la jerarquía puede variar ya que las necesidades pueden volverse más complejas y dinámicas.

- Las necesidades están más interconectadas dentro de la jerarquía que nunca. Un comportamiento o acción puede abordar múltiples necesidades simultáneamente, alcanzando un logro holístico a través de experiencias integradas.

AUTORREALIZACIÓN

En todos los diálogos donde se ha discutido sobre necesidades a lo largo de los años, la autorrealización es la más utilizada por individuos y líderes, especialmente para motivarse e inspirar a otros con la verdad de que pueden vivir una mejor vida y con más propósito, si van más allá de lo que definen como necesario.

Por ejemplo, en el lugar de trabajo, cuando te refieres a líderes autorrealizados, son aquellos que han alcanzado un estado donde sus empleados saben y reconocen que son auténticos, que ascendieron por aceptar su potencial y permitieron que los fracasos se convirtieran en sus peldaños. Y ahora, estos líderes están devolviendo el favor inspirando a más personas a embarcarse en el mismo viaje, causando un efecto dominó positivo en toda la organización. Un efecto lo suficientemente empoderador como para producir empleados que se esfuerzan al máximo para llevar a cabo proyectos con confianza.

Como mujer que recorre el mercado laboral en busca del lugar perfecto para crecer y evolucionar, ¿cómo puedes identificar a estos líderes? ¿Cuáles son las características de un individuo autorrealizado que puede guiarte a tu sala dorada? Los siete atributos importantes de estos líderes son:

1. **Autoconciencia:** Entienden sus fortalezas, debilidades, valores y pasiones. Así que nadie puede engañarlos haciéndoles sentir poca cosa o tener baja autoestima porque han superado ese nivel.

2. **Propósito definido:** Estos individuos están impulsados por un propósito. Tienen un enfoque claro de lo que quieren, y guía sus acciones y decisiones.

No son aleatorios, sino que están preparados para cada paso que quieren dar a medida que avanzan.

3. **Aprendizaje continuo:** Cualquier oportunidad de crecimiento siempre es notada. El nuevo conocimiento para ellos es como comprar el último modelo de un Ferrari. Es gratificante, por lo que buscan oportunidades de desarrollo profesional, asisten a seminarios, talleres y conferencias, y expanden sus conocimientos y habilidades.

4. **Autenticidad:** Una cosa que no puedes quitarles es su genuinidad, transparencia y fidelidad a sus valores. Esto da espacio para que esas personalidades y perspectivas únicas brillen.

5. **Conexiones significativas:** Valoran mucho las relaciones interpersonales y conexiones al participar en redes de contacto, mentorías y oportunidades de colaboración.

6. **Tomar riesgos:** Siempre desean salir de sus zonas de confort y buscar nuevas responsabilidades. De hecho, quieren probar tantas cosas nuevas como sea posible, por lo que siempre están dispuestos a tomar riesgos calculados.

7. **Inspirar y empoderar a otros:** El éxito para ellos solo es posible si pueden apoyar el crecimiento y desarrollo de los miembros de su equipo y proporcionar mentoría, coaching y reconocimiento. Sólo entonces pueden decir con orgullo que todo valió la pena.

Estas son las características más innegables de cualquiera que realmente crea en la autorrealización y quiera ser auténtico en el lugar de trabajo. Pero entiende que el carácter va más allá de esto.

Beneficios de la Autorrealización

La autorrealización beneficia a todos porque, una vez que llegas a este punto en tu vida, te sientes satisfecha y feliz con todo, incluso si las cosas parecen difíciles. Irradias una energía positiva que es contagiosa para la organización o la comunidad de la que formas parte. Despiertas a esta persona dentro de ti que está sobre el bien común y contribuyendo al crecimiento de la sociedad. Así que, de alguna manera, es un carácter que va más allá de ti alcanzando a la persona que está a tu lado, y antes de que te des cuenta, cubre todo el entorno.

Cuando se trata del propósito del lugar de trabajo y del liderazgo, la autorrealización viene con muchos beneficios:

- **Satisfacción laboral mejorada:** Cuando los individuos alinean su trabajo con sus valores personales, pasiones y propósitos, experimentan un nivel más profundo de satisfacción laboral porque todo está convergiendo. Encuentran significado y felicidad en sus roles, lo que se traduce en un aumento del entusiasmo, la motivación y el compromiso en su trabajo.

- **Rendimiento aumentado:** Las personas autorrealizadas son impulsadas, alimentando su dedicación y compromiso para alcanzar sus metas. Esta motivación y enfoque mejorados llevan a una mayor productividad y rendimiento en el lugar de trabajo. Sus registros son sobresalientes y, muchas veces, pueden ir más allá, tomando la iniciativa y entregando resultados de alta calidad.

- **Liderazgo auténtico e inspirador:** Trae consigo una autenticidad que inspira a otros a través de acciones. Al liderar con propósito y pasión, crean una cultura laboral positiva que anima y empodera a los miembros de su equipo para alcanzar su máximo potencial. Se convierten en modelos a seguir y fuentes de inspiración, fomentando un sentido de confianza, lealtad y colaboración dentro del equipo.

- **Mejora en la resolución de problemas:** Más empleados que se autorrealizan comienzan a poseer un fuerte sentido de autoconciencia, lo que les permite tomar decisiones más informadas y resolver problemas de manera efectiva. Entienden profundamente sus propios valores, fortalezas y limitaciones, lo que les permite abordar desafíos con claridad y resiliencia. Esto lleva a una mejor toma de decisiones y la capacidad de transitar situaciones complejas con confianza.

- **Impacto positivo:** Cuando los líderes priorizan su autorrealización e inspiran a otros a hacer lo mismo, crean un ambiente laboral que valora el crecimiento personal, el trabajo impulsado por un propósito y la autenticidad. Esto también fomenta la colaboración, la confianza y el apoyo mutuo entre los miembros del equipo. A su vez, esto mejora el trabajo grupal, la comunicación y el rendimiento general del grupo.

Esto muestra cómo la autorrealización desbloquea el verdadero potencial y numerosos beneficios en el lugar de trabajo. La alegría de contribuir positivamente a una cultura organizacional próspera se establece. De alguna manera, cada individuo, desde el líder hasta el empleado, comienza a vivir cada día al máximo, sabiendo que todos están haciendo impactos significativos de diferentes maneras y creando experiencias profesionales satisfactorias.

Pero, llegar a ese lugar donde te autorrealizas significa que hay un "por qué" en el objetivo de vida. ¿Por qué debería ser importante para ti como líder este camino, y por qué deberías encontrarte para lograr esa vida con propósito?

Para responder a estas preguntas, debes encontrar tus valores fundamentales. La mejor manera de encontrar estos valores es preguntándote: ¿qué te hace excepcional cuando te pones a prueba? ¿Es la autorrealización? Verás que lo que es importante para ti no es lo mismo para alguien más. Sin embargo, con estos pasos, puedes adquirir la autorrealización fácilmente:

1. Participa en la introspección y la reflexión personal.

2. Explora lo que realmente te hace feliz y te da un sentido de propósito.

3. Entiende tus valores, fortalezas y aspiraciones.

4. Descubre tu propósito y significado únicos como líder.

5. Lidera de manera impulsada por un propósito.

6. Enciende un sentido de realización en tu trayectoria de liderazgo.

7. Inspira a otros a través de tu propósito y acciones.

Así alinearás tu trayectoria de liderazgo con lo que realmente te importa, fomentando un sentido de autorrealización y propósito.

Importancia de la Visión

En este punto, cuando te sientas descansada y comprometida en tu éxito, es normal cuestionar si es sabio compartir tu propósito o visión. Compartir tu propósito como líder puede tener un impacto profundo en tu equipo. Aunque no es necesario compartir cada detalle explícitamente, expresar tu visión y alinearla con los objetivos de la organización, puede inspirar y motivar a otros. Incluso puede crear nuevas visiones para evolucionar la organización a otro nivel de crecimiento. A medida que más personas escuchan y comprenden la idea detrás de la visión, pueden contribuir con una perspectiva fresca. Esto es tan beneficioso para ti como líder como lo es para tus empleados. Reconoce que los líderes que comunican su propósito de manera auténtica, lo transmiten también dentro de sus equipos, fomentando un compromiso colectivo hacia un objetivo común.

Una vez que has identificado tu propósito y tienes personas canalizando su energía en la misma dirección que la tuya, el siguiente paso es implementarlo. Esos pasos prácticos para tus acciones diarias en relación a tu visión, vienen contigo preguntándote constantemente, "¿Qué puedo hacer hoy para vivir mi propósito?" Es simple. Toma pasos intencionales hacia tus objetivos creando un impacto significativo e inspirando a otros a hacer lo mismo. Es justo lo que hemos estado diciendo, y no cambia porque así es como te empoderas a ti misma y a otros para liderar de manera auténtica y apasionada.

Ahora, no pienses que este viaje es un paseo por el parque; al apuntar hacia la autorrealización, es igual de importante abordar y desmentir los mitos comunes que impiden el progreso. Desecha los malentendidos sobre el propósito, como por ejemplo, la creencia de que el propósito debe ser grandioso o centrado únicamente en el éxito personal. Entender y desafiar estos mitos te permite abrazar tu propósito único y liderar de una manera que se alinee con tu yo auténtico.

Una vez que hayas llegado a esta etapa, ¡felicitaciones! Estás lista para inspirar a otros convirtiéndote en la mentora que necesitan para embarcarse hacia sus objetivos.

MENTORÍA

La mentoría es una herramienta poderosa para el crecimiento personal y profesional. Ofrece orientación, apoyo y la oportunidad de aprender de alguien con experiencia en tu campo deseado. Las investigaciones han demostrado que la mentoría funciona, ya que ayuda a las personas a desarrollar nuevas habilidades y alcanzar sus objetivos de manera más efectiva. Si estás interesada en convertirte en mentora, es esencial entender tus responsabilidades. Una gran mentora establece objetivos con aquellos a quienes guía, proporciona retroalimentación constructiva que los empuja al siguiente nivel, y los desafía a superar los límites establecidos. Recuerda, ser mentora no se trata de acaparar conocimientos; se trata de empoderar a otros para que tengan éxito en el futuro utilizando tus años de experiencia.

Para comenzar, prueba diversas actividades de mentoría, como ejercicios de rompehielos (un juego de conversación y relajación para que las personas se familiaricen de manera relajada), compartir habilidades e inspirar a tus colegas y miembros del equipo.

Promover a las mujeres en puestos de liderazgo es crucial para fomentar la igualdad de género y crear entornos de trabajo diversos e inclusivos. Si quieres impulsar a otras mujeres en roles de liderazgo, busca candidatas calificadas y asegúrate de que el proceso de contratación sea justo e imparcial. Además, a medida que proporcionas suficiente capacitación y oportunidades de mentoría para apoyar su desarrollo profesional y abordar cualquier desafío que puedan enfrentar, nunca olvides a aquellas con habilidades emergentes que necesitan ese empujón para pasar de la auto-duda a la auto-conciencia; ellas también son importantes, están hambrientas de crecimiento, y deben ser incluidas. Crear una cultura amigable para las mujeres, es el futuro del liderazgo sobresaliente porque fomenta el equilibrio entre la vida laboral y personal, ofrece arreglos flexibles que no parecen abrumadores, y promueve un ambiente inclusivo que valora y respeta las contribuciones femeninas.

Finalmente, considera abogar por cambios en las políticas que promuevan la igualdad de género, como implementar políticas de apoyo para la licencia de maternidad y el cuidado infantil, y utilizar lugares de trabajo digitales para facilitar la integración trabajo-vida.

Al tomar estos pasos, podemos inspirar y empoderar a las mujeres para prosperar en puestos de liderazgo. Las mujeres necesitan esta validación para ayudarlas a aceptar su trayectoria profesional elegida, los sueños empresariales que desean perseguir, o la promoción que tanto anhelan. Una vez que todo esto se une, está claro que han llegado al lugar intrépido de marcar su legado. Un capítulo de su vida que marcará toda la diferencia.

9

SÉ VALIENTE Y DEJA TU LEGADO

"El legado no es lo que hice por mí misma. Es lo que estoy haciendo por la próxima generación."

Vitor Belfort (Citas sobre el legado, s.f.)

Cuando se menciona la palabra "legado", muchas personas piensan que se trata de riquezas, imperios y ser un magnate con su nombre en vallas publicitarias para que la gente reconozca las huellas generacionales creadas a través de las ingeniosas ideas de una persona. No es mentira, pero hay mucho más. Ruth Bader Ginsburg, una famosa abogada, jurista y jueza asociada de la Corte Suprema de Estados Unidos, dice que se trata de *"luchar por las cosas que te importan, pero hacerlo de manera que lleve a otros a unirse a ti."* (Ruth Bader Ginsburg les dice a las mujeres jóvenes: "Lucha por las cosas que te importan" | Instituto Radcliffe para Estudios Avanzados en la Universidad de Harvard, s.f.)

Es ese impulso por marcar la diferencia haciendo que otros vean las cosas desde tu perspectiva, y entonces están convencidos de unirse a ti para destacar tanto en el presente como en el futuro. Puede que no lo sepas, pero lentamente estás construyendo algo profundo. Es como una mujer que da a luz a un hijo, créelo o no, un hijo es un legado del nombre que representan. Cuando impactas sus vidas con significado y propósito, dejan una marca indeleble que sostendrá su nombre familiar durante décadas. Es lo mismo con una mujer que aspira a liderar sin miedo.

Ella no lo quiere solo para demostrar que las mujeres necesitan tener el mismo espacio para liderar y crecer como cualquier hombre; lo necesita para sentar una base para su propio crecimiento y para el futuro de las jóvenes y mujeres que serán excepcionales para el tipo de liderazgo que el mundo requiere hoy en día; uno de altruismo y éxito.

¡DEJA UN LEGADO!

Como líder femenina, es esencial que te importe dejar un legado por varias razones:

- Cuando dejas un legado, inspiras a otras mujeres a seguir tu ejemplo e impulsar cambios significativos en el mundo profesional. Tus logros y tu impacto sirven como fuente de inspiración, empoderando a otras para romper barreras y alcanzar su propio éxito. Llámate a ti misma la pionera que contribuye a cambiar la narrativa y desafiar los roles de género tradicionales. Eso es en lo que te conviertes y lo que la gente ve cuando te mira.

- Dejar un legado te permite cambiar el statu quo. Demuestra tus capacidades y logros y cómo han desafiado los estereotipos y allanado el camino para una sociedad más inclusiva y equitativa. En un estudio de la Sociedad Pew, las estadísticas mostraron que la brecha salarial de género en Estados Unidos ha tenido una mejora mínima en las últimas dos décadas, con las mujeres ganando típicamente el 82% de cada dólar ganado por los hombres en 2022, similar al 80% que ganaban en 2002. Este lento progreso contrasta fuertemente con el avance significativo presenciado en las dos décadas anteriores, cuando las mujeres ganaban solo el 65% de cada dólar ganado por los hombres en 1982. Esto prueba que ahora, más que nunca, el mundo necesita esa influencia y presencia femenina para crear oportunidades para las futuras generaciones de mujeres. Esto ayudará a reducir las brechas salariales de género y proporcionará una plataforma para que se escuchen voces diversas. ("El Centro de Investigaciones Pew encontró que la brecha salarial de género apenas ha cambiado en los últimos 20 años", 2023)

- Además, como líder femenina, te conviertes en un modelo a seguir y mentora para las jóvenes, mostrándoles lo que es posible y animándolas a soñar en grande. Tus acciones y logros transmiten que las mujeres pueden sobresalir en puestos de liderazgo e influir significativamente en sus campos elegidos, y eso es lo que la generación más joven quiere ver. Necesitan creer que todo es posible con más compromiso y empuje. Al nutrir la próxima generación de líderes femeninas, construyes un futuro más equitativo y diverso.

- Con un enfoque centrado en el legado, los lugares de trabajo serían menos tóxicos. ¿Quién necesita un espacio lleno de intrigas y todo tipo de actitudes furtivas? Es desmoralizador; por eso tu estilo de liderazgo y valores pueden inspirar una cultura laboral positiva, fomentando la colaboración, el respeto y la inclusividad. No hay una lucha por la superioridad basada en clase, color o sexo, sino un entorno centrado en apoyar a todos los individuos y contribuir al bienestar y éxito de los miembros del equipo.

Sobre todo, te conviertes en una voz para los que no tienen voz, usando tu plataforma para hablar en contra de la desigualdad, la discriminación y los problemas sociales, abordando estos desafíos desde el punto de vista de alguien que ha estado allí y ahora quiere abogar por el cambio y una sociedad inclusiva.

De hecho, estarás avanzando hacia ser la mujer icónica que han estado esperando para llevarlos al siguiente nivel, alguien que se ha estado preparando para un momento como este durante años.

¡SÉ UNA LÍDER FEMENINA ICÓNICA!

Ahora, tal vez te estés preguntando: ¿cómo puedes convertirte en la líder femenina icónica, Marguerite? Tengo respuestas para ti:

- Utilizando todas las herramientas de los libros de autoempoderamiento, especialmente este, para pasar de ser una chica corriente a una mujer que desafía lo inusual, logrando una vida en armonía.

- Mediante la autoevaluación y la mejora dirigidas al crecimiento personal, y esforzándote continuamente por enriquecer tus habilidades, conocimientos y capacidades de liderazgo. Ser líder significa invertir en programas de desarrollo profesional, buscar mentoría y abrazar el aprendizaje permanente.

- Soñando en grande y estableciendo metas ambiciosas que superen las limitaciones sociales. Nadie tiene derecho a decirte que como mujer tienes un límite, o que esta es una industria para hombres y hay poco espacio para las mujeres aquí. Cree en tu potencial para impactar significativamente y desafiar el statu quo. Sé intrépida en la búsqueda de tus aspiraciones y rompe barreras.

- Desarrollando tus habilidades y conocimientos para volverte indispensable en tu campo. Ya sabes lo fácil que es ser relegada una vez que tus ideas ya no parecen productivas, así que mejora continuamente tu conocimiento, adquiere nuevas competencias y mantente al tanto de las tendencias emergentes. Sé adaptable, resiliente y dispuesta a aceptar cambios. Posiciónate como un activo valioso en tu organización o industria, uno sin el cual difícilmente pueden decidir.

- Siendo audaz y segura en lo que crees. Sé la defensora de la igualdad, la inclusividad, el cambio positivo y la mujer que defiende a los subrepresentados. Te encontrarás abordando problemas críticos que afectan a las mujeres en el lugar de trabajo.

- Apoyando y elevando a otros para que puedan expresarse, creando una cultura de inclusividad y empoderamiento. Fomenta un ambiente donde todos se sientan escuchados y valorados mientras plantean preocupaciones significativas y trabajan conjuntamente para impulsar cambios relevantes.

- Colaborando y conectándote con individuos afines y mujeres que comparten tu visión y valores. Hay muchos beneficios en formar alianzas, unirse a redes de contacto y participar en comunidades profesionales para amplificar tu impacto. Te resultará fácil participar en asociaciones y colaboraciones que promuevan la diversidad, la innovación y el progreso colectivo.

- Cultivando una fuerte presencia en redes sociales para amplificar tu mensaje, conectar con una audiencia más amplia e inspirar a otros es primordial, especialmente en esta era tecnológica. Utiliza diversas plataformas para compartir tus experiencias, conocimientos y logros. Aprovechar las redes sociales para el empoderamiento, la mentoría y la creación de redes de contacto, es la mejor manera de llegar a un público más amplio de mentes afines y mujeres que necesitan apoyo.

- Estableciendo altos estándares de responsabilidad para ti misma, liderando con el ejemplo y manteniendo la integridad. Demuestra profesionalismo, comportamiento ético y una sólida ética de trabajo donde no juegues con las cifras y las auditorías, ya que establece una pauta para expectativas más altas y cierra todas las brechas. Esfuérzate por la excelencia y asegúrate de que tus acciones estén alineadas con tus valores. Inspira a otros a través de tu compromiso con la integridad personal y profesional.

- Cultivando la autoconciencia para reconocer prejuicios y promover la equidad y la igualdad. Cuestiona tus suposiciones, edúcate sobre la diversidad y la inclusión, y trabaja activamente para eliminar los prejuicios inconscientes. Crea un ambiente donde todos se sientan valorados y respetados, sin importar el género o el origen.

- Fomentando la diversidad en el lugar de trabajo, buscando activamente y contratando talento de diversos orígenes. Deja de prestar atención a quién viene y de dónde, y comienza a promover igualdad de género en posiciones de liderazgo, abogando por políticas y prácticas inclusivas. Mientras haya productividad y mentes progresistas, cada mujer debe abrazar el poder de las perspectivas, experiencias e ideas diversas para impulsar la innovación y el éxito.

Visualiza lograr todos los objetivos anteriores—ahora ya no eres solo una voz tratando de crear relevancia; has construido una red para ti misma. Al ser la líder icónica, has utilizado todos los tentáculos disponibles, desde la auto-mejora hasta el apoyo experto para compartir conocimientos. Has recorrido un largo camino, y es hora de que destaques a través de todas las redes de contacto que has creado con el tiempo. Construir una marca personal sólida y dejar tu huella en tu industria, depende en gran medida de aprovechar las conexiones para establecer tu reputación y amplificar tu valor. Como todo lo demás que necesita construcción, hay estrategias que debes adaptar para hacerlo alcanzable y sostenible.

Liderazgo Icónico Sostenible

1. **Visualiza tus objetivos de networking (redes de contacto):** ¿Cuáles son tus objetivos de networking? Debes tenerlo claro y luego visualizar los resultados deseados. Entiende tu valor y cómo las redes de contactos pueden potenciarlo para convertirte en algo más que una marca, sino en una demanda.

2. **Sé receptiva a diversas redes de liderazgo:** Explora una variedad de redes de liderazgo formales e informales que se alineen bien con tus aspiraciones profesionales. Estas redes ofrecen valiosas oportunidades de aprendizaje, mentoría y posibles colaboraciones. Pueden existir muchas escuelas de pensamiento en liderazgo, así que cuando encuentres una que encaje con la tuya, aprende cómo lo hicieron funcionar y úsalo.

3. **Ignora los mitos sobre el Networking:** Asegúrate de no dejarte influenciar por concepciones erróneas. Esto no solo te desanimará, sino que te dejará siem-

pre poniendo excusas. ¡Imagina un mito que dice que el networking es solo para extrovertidos! ¿Cómo puede ser eso posible? Reconoce que las redes son una habilidad que cualquiera puede desarrollar, independientemente del tipo de personalidad. Puedes llegar lejos una vez que lo sepas y te aferres a esto.

4. **Comprende la estructura del Networking:** Tómate el tiempo para entender la estructura del networking y cómo se construyen y nutren las relaciones. Cultiva conexiones diversas, incluyendo pares, mentores y patrocinadores, en diversas industrias y contextos para que puedas aplicar un modo de red más fundamentado. Según la edición de Harvard Review de 2022, lograr un enfoque de red holístico es abordar el ángulo operativo, personal y estratégico de la estructura de liderazgo; de lo contrario, habrá un desequilibrio en la entrega de servicios. Mientras te ocupas de los asuntos operativos de la organización, no te olvides de tu propio crecimiento personal y mantente al día con las últimas y más destacadas innovaciones.

5. **Networking en términos de recursos:** Ve más allá de simplemente conectar con personas y considera el networking en términos de recursos valiosos. Identifica lo que necesitas para tener éxito y busca individuos que puedan proporcionar conocimientos, experiencia, oportunidades o apoyo. Esto requiere tu comportamiento intuitivo para distinguir la calidad sobre la cantidad. Recuerda, estás en un camino para ser una líder que busca establecer redes de contacto productivas, así que no se puede dejar piedra sin mover para obtener los mejores resultados.

6. **Comparte tus recursos:** Se trata de dar y recibir. Sé generosa al compartir tus recursos, conocimientos y experiencias, manteniendo una mentalidad colaborativa. Contribuye al éxito de tu red de contactos ofreciendo ayuda y apoyo.

7. **Mantente auténtica:** Es crucial adaptar tu estilo de comunicación a la situación pero permanecer fiel a ti misma. No necesitas desechar lo que representas porque sientas que las circunstancias pesan más que tus principios. No te desvíes del curso; solo practica la escucha activa, muestra un interés genuino en los demás y fomenta relaciones basadas en la confianza y el respeto. Al dar, también sé humilde para recibir cuando se te ofrezca, ya que muestra un comportamiento ético.

8. **Utiliza el poder de manera reflexiva:** Si tienes influencia o poder dentro de tu

red de contactos, ejércelo de manera reflexiva y responsable. No te embriagues con la autoridad; en cambio, concéntrate en tu impacto en los demás y utiliza tu posición para empoderar y elevar a quienes te rodean, en lugar de solo para beneficio personal o para mostrar.

9. **Comunica efectivamente:** Mejora tus habilidades de comunicación para transmitir tus ideas claramente, escucha activamente a los demás y adapta tu mensaje para resonar con diferentes individuos. Elige tus palabras sabiamente, para que no transmitan intenciones equivocadas y seas consciente de cómo tu comunicación puede impactar las relaciones.

10. **Negocia con habilidad:** Ya sea discutiendo oportunidades, colaboraciones o avances profesionales. Afina tus habilidades de negociación, aboga por ti misma, afirma tu valor y mantén un enfoque colaborativo y respetuoso para que las ideas de otros se muestren tan relevantes e impactantes como las tuyas. Nunca des espacio para disputas porque tus empleados ven en ti a la líder que cree en la equidad.

11. **Construye, mantén, aprovecha y transita relaciones:** Las redes de contacto son una inversión continua en la construcción de relaciones, nutriéndolas mediante comunicación regular y apoyo, aprovechándolas para alcanzar tus objetivos y siendo adaptable en la transición de ellas.

Al implementar estas estrategias, puedes desarrollar un enfoque de networking auténtico y empoderador que te ayudará a cultivar una sólida red profesional, establecer tu marca y desbloquear nuevas oportunidades y colaboraciones para ti misma.

¡CULTIVA UNA RED DE CONTACTOS!

Aquí están los cinco mejores lugares para cultivar una red de contactos:

1. **Asociaciones Profesionales y Eventos de la Industria:** Por ejemplo, una líder femenina en la industria tecnológica podría asistir a conferencias como la Celebración Grace Hopper, un evento dedicado a mujeres en computación. Al participar en reuniones específicas de la industria, puede conectar con colegas profesionales, asistir a sesiones informativas y construir relaciones con individuos que comparten sus intereses y objetivos.

2. **Organizaciones de Liderazgo Femenino:** Unirse a organizaciones como la

Asociación Nacional de Mujeres Empresarias (NAWBO) o Mujeres en Tecnología Internacional (WITI). Estas ofrecen acceso a eventos de networking diseñados específicamente para empoderar a las mujeres en roles de liderazgo. Estos eventos a menudo cuentan con oradores principales, paneles de discusión y talleres sobre desarrollo profesional y oportunidades de networking.

3. **Plataformas de Networking Online:** LinkedIn, World Pulse, Hub Dot y Ellevate Network ofrecen espacios virtuales para que las mujeres profesionales se conecten e interactúen entre ellas. Por ejemplo, una líder femenina potencial puede unirse a grupos específicos de la industria en LinkedIn, participar en discusiones y conectar con profesionales con intereses de carreras comunes. Estas plataformas online permiten oportunidades de networking sin importar las limitaciones geográficas.

4. **Incubadoras y Aceleradoras de Empresas:** Las emprendedoras pueden aprovechar programas como Women's Startup Lab o Female Founders Alliance. Estas organizaciones proporcionan acceso a mentoría y recursos y facilitan eventos de networking, donde las líderes femeninas aspirantes pueden conectar con emprendedores exitosos, inversores y expertos de la industria que pueden ofrecer orientación y apoyo.

5. **Iniciativas de Diversidad e Inclusión:** Las mujeres pueden participar en eventos como la Cumbre de Liderazgo Femenino o The Women's Chapter para establecer contactos con profesionales de diversos orígenes e industrias. Estas iniciativas fortalecen las conexiones entre líderes femeninas, fomentan la colaboración y crean espacios para compartir experiencias y mejores prácticas en la promoción de la diversidad e inclusión.

Al participar activamente en estas oportunidades de networking, las líderes femeninas potenciales pueden ampliar sus redes profesionales, obtener exposición a nuevas ideas, encontrar mentores y patrocinadores, y aumentar su visibilidad dentro de su industria. Puedes embarcarte en un viaje extraordinario para dejar un impacto duradero en el lugar de trabajo y en la sociedad.

Al establecer contactos y construir conexiones significativas en asociaciones profesionales, puedes posicionarte para dejar huellas imborrables y remodelar percepciones sobre las mujeres en roles de liderazgo. Tu éxito se convertirá en una inspiración, empoderando a otras mujeres para que persigan sus propios caminos hacia la grandeza. Al reunir tus habilidades, abrazar el aprendizaje continuo y poner en acción tus planes sin miedo, te conviertes en un catalizador para el cambio, dejando huellas profundas suficientes para transformar la historia. Ahora es el momento de dar un paso adelante y crear un legado que se recordará por generaciones.

TU OPINIÓN ES IMPORTANTE

Espero que estés disfrutando de este valioso recurso. Ahora, considera cómo tu experiencia puede enriquecer el camino de otros hacia el liderazgo: ¿cómo puedes ayudar a otras personas en su desarrollo como líderes?

¡Sencillo! A través de una reseña. Hacerlo no es sólo compartir tus pensamientos; es una oportunidad para aportar valor a otras líderes, gerentes y profesionales de RR.HH. que buscan orientación e inspiración.

Sigue estos sencillos pasos: Visita la página de Amazon del libro, baja y haz clic en "Escribir una reseña de cliente" y envía tu comentario. También puedes escanear el código QR que aparece a continuación para acceder directamente, o hacer clic en el enlace de abajo desde tu e-reader.

https://www.amazon.com/review/create-review/?ie=UTF8&channel=glance-detail&asi
n=1962576124

Dejar una reseña corta y honesta en Amazon permitiría que otras mujeres conozcan este libro, proporcionándoles las herramientas y estrategias necesarias para su viaje de liderazgo, así que tu apoyo es extremadamente importante para mí. ¡Gracias!

CONCLUSIÓN

Al llegar a la conclusión de este libro, queda claro que la audacia y la confianza provienen de conectarse con nuestro ser auténtico y abrazar nuestras fortalezas y debilidades. Como líder femenina, aprenderás que pretender ser alguien más es inútil, ya que el verdadero éxito y crecimiento provienen de alinear nuestras acciones con nuestro yo genuino. La idea de "fingir hasta lograrlo" ha sido refutada, pues obstaculiza nuestro desarrollo personal y profesional.

Deja a un lado todas las preocupaciones sobre la desigualdad de género y las dudas que puedan estorbar en tu camino para convertirte en una líder femenina icónica y sin miedo. Cree en ti misma, pues tienes el poder de lograr la grandeza. Aférrate firmemente a las valiosas lecciones que has aprendido a lo largo de este viaje y encarna tu liderazgo con autenticidad, inspiración e impacto duradero. Confía en tus habilidades y avanza con confianza inquebrantable. Sí, puedes y marcarás la diferencia. La duda debe desvanecerse a medida que das un paso hacia tu verdadero potencial de liderazgo.

En este viaje, has descubierto **nueve estrategias inolvidables** para mantenerte a la vanguardia en tu camino hacia convertirte en una líder femenina sin miedo:

1. La importancia de mantener la autenticidad mientras adquieres habilidades blandas y duras para sobresalir como líder.

2. Has presenciado el poder de encontrar tu voz y tus oídos y dominar la comunicación efectiva para establecer respeto mutuo, comprensión y colaboración con tus colegas.

3. Tomar riesgos y aprender del fracaso, son dos cosas que puedes identificar como

instrumentales en cualquier viaje de liderazgo sin miedo, desmintiendo el concepto erróneo de que las ejecutivas son menos arriesgadas.

4. Ha habido inspiración del trabajo en equipo mostrado en la construcción de las pirámides, reconociendo el valor de la colaboración y el respeto mutuo, e inspirando a otros a trabajar juntos hacia un objetivo compartido.

5. Como líderes, hemos explorado varios estilos de liderazgo y reconocido la importancia de conocer el tuyo, mantener la consistencia e inspirar a otros a través de tu liderazgo sin miedo.

6. Tu mentalidad juega un papel crucial en la configuración de tu percepción del éxito, ya que evoluciona constantemente junto con tus metas.

7. Adoptar una mentalidad de crecimiento, asegura que te mantengas en el camino con una visión en constante expansión para tu viaje de liderazgo.

8. Además, ahora comprendes la importancia de encontrar significado en tu trabajo y valorar lo que haces por ti misma y por quienes te rodean, inspirándolos a esforzarse por la excelencia.

9. Finalmente, exploraste el concepto de legados en el lugar de trabajo, comprendiendo que el verdadero éxito radica en alcanzar tus metas personales y dejar un impacto positivo y duradero en el mundo empresarial. Grabar un legado requiere humildad, gracia y un genuino deseo de inspirar a otros, asegurando que tus contribuciones trasciendan los logros individuales.

Al pensar en líderes femeninas sin miedo exitosas, piensa en Sheryl Sandberg, Directora de Operaciones (COO) de Facebook. Ella ha practicado consistentemente la autenticidad, empoderando a otros, la comunicación efectiva, tomando riesgos y dejando un legado duradero. Sandberg es conocida por su influyente libro "Lean In", donde anima a las mujeres a perseguir sus ambiciones, desafiar los sesgos de género y asumir roles de liderazgo. A través de su propio viaje, ha inspirado a innumerables mujeres a abrazar sus fortalezas, superar desafíos y tener un impacto duradero en sus respectivos campos. La determinación inquebrantable de Sandberg, su mentalidad estratégica y su compromiso con el empoderamiento de las mujeres, la han posicionado como una figura icónica en el mundo empresarial y un modelo a seguir para las líderes femeninas aspirantes.

También podrías decir lo mismo de Mary Barra, la CEO de General Motors (GM). Barra hizo historia como la primera mujer en liderar un importante fabricante de automóviles global. Bajo su liderazgo, GM experimentó una transformación significativa, enfocándose en la innovación, los vehículos eléctricos y autónomos, y la sostenibilidad. El estilo de liderazgo inclusivo de Barra y su compromiso con la creación de un lugar de trabajo diverso e inclusivo, han impulsado un cambio positivo dentro de la empresa. Ella ha abogado fuertemente por empoderar a las mujeres en la industria automotriz y ha implementado iniciativas para promover la igualdad de género y el avance profesional. La resiliencia de Barra, su agudeza estratégica y su capacidad para transitar desafíos, han posicionado a GM como líder en el paisaje automotriz rápidamente cambiante. Su historia de éxito inspira a las mujeres que aspiran a romper barreras y sobresalir en industrias tradicionalmente dominadas por hombres.

***

Como estas mujeres, yo también tengo una historia que contar. He pasado los últimos 20 años de mi carrera perfeccionando mi estilo de liderazgo único, y aunque todavía estoy aprendiendo y creciendo, estoy orgullosa de decir que he ayudado a docenas de mujeres durante mi mandato. Muchas han avanzado a posiciones de liderazgo o incluso han comenzado sus propios negocios. Si puedo ser una líder sin miedo, tú también puedes.

Escucha esto ahora como nunca antes lo habías escuchado:

Como mujer de increíble fuerza y potencial, albergas el poder de dar forma a tu destino y al curso de este mundo. Con cada vuelta de página en este tomo de liderazgo, recuerda tu influencia; tus reseñas en Amazon pueden inspirar a innumerables otras mujeres a tomar en serio sus aspiraciones de liderazgo.

Si crees que he pasado por alto algo o tienes ideas personales que compartir, no dudes en contribuir con tus comentarios. Soy, como todos, un trabajo en progreso constante, siempre aprendiendo y evolucionando. Puede que no posea todas las respuestas, pero juntas podemos encender un cambio significativo en el empoderamiento de las mujeres de esta generación.

Que tu viaje esté lleno de alegría, éxito y todas las ricas experiencias que tu corazón resiliente busca y merece. Con esta sabiduría recién adquirida, asume tu rol de liderazgo sabiendo que estás pavimentando el camino para las futuras líderes femeninas.

Para devolver el favor y que otras mujeres conozcan este libro, asegúrate de dejar una reseña en Amazon haciendo clic en el enlace o escaneando el código que aparece abajo.

https://www.amazon.com/review/create-review/?ie=UTF8&channel=glance-detail&asi
n=1962576124

Suscríbete a mi newsletter aquí o escanea el código QR para aprender sobre más estrategias de liderazgo, proyectos futuros y lanzamientos de nuevos libros.

BIOGRAFÍA DE LA AUTORA

Marguerite Allolding, nacida en un pintoresco pueblo de Nueva Inglaterra, es una líder pionera con más de 20 años de experiencia en el mundo profesional. A sus 43 años, ahora vive felizmente en Nueva Jersey con su esposo, que la apoya, y sus dos hermosos hijos. Su viaje la llevó desde sus humildes comienzos en su pequeño pueblo, pasando por el bullicioso mundo corporativo de Chicago, hasta finalmente llegar a la metrópolis de Nueva York. A lo largo de este viaje, ha ocupado varios roles de liderazgo prestigiosos en organizaciones grandes y pequeñas, rompiendo consistentemente los techos de cristal.

Durante estos años, Marguerite fue testigo de primera mano del potencial no aprovechado de innumerables mujeres talentosas que a menudo eran pasadas por alto o subestimadas. Esto despertó en ella una profunda pasión por empoderar a las mujeres y abogar por sus voces, lo que la inspiró a escribir "*Liderazgo Femenino Sin Miedo*".

En este libro meticulosamente investigado y escrito de manera atractiva, Marguerite explora las dimensiones multifacéticas del liderazgo femenino. Entrelaza magistralmente percepciones provocadoras y narrativas convincentes, arrojando luz sobre las fortalezas y luchas únicas de las mujeres en posiciones de poder. Marguerite está dedicada a allanar el camino para un futuro donde el liderazgo femenino sea valorado y reconocido como una fuerza impulsora de progreso e innovación.

Su compromiso inquebrantable con el empoderamiento de las mujeres, inspira a todas a luchar por un mundo más equitativo e inclusivo. Marguerite Allolding no es solo una líder, sino un faro de esperanza y encarnación, un faro del poder que sostiene el liderazgo femenino sin miedo.

REFERENCIAS

AllBusiness. (2021, August 24). 3 Ways To Be More Authentic (And Successful) In Your Business. Forbes. https://www.forbes.com/sites/allbusiness/2021/08/24/3-ways-to-be-more-authentic-and-successful-in-your-business/?sh=24c4db7f5e67

Amplifying Women's Voices for Change. (n.d.). World Pulse. https://www.worldpulse.org/?gclid=CjwKCAjwl6OiBhA2EiwAuUwWZWTGQ3LnED8iecmViuMtixgGJXoL8utmIcBNYOaTGGejGmW0olo2DRoCtgEQAvD_BwE

Arscott, C. H. (2022, November 4). A Better Approach to Networking. Harvard Business Review. https://hbr.org/2022/11/a-better-approach-to-networking

A quote from The Open Door. (n.d.). https://www.goodreads.com/quotes/9605-life-is-either-a-daring-adventure-or-nothing-at-al

Authenticity Quotes (1309 quotes). (n.d.). https://www.goodreads.com/quotes/tag/authenticity#:~:text=%E2%80%9CWe%20have%20to%20dare%20to%20be%20ourselves%2C%20however%20frightening%20or%20strange%20that%20self%20may%20prove%20to%20be.%E2%80%9D%0A%E2%80%95%20May%20Sarton

Authenticity at Work: Everything You Need to Know. (n.d.).https://www.betterup.com/blog/authenticityatwork#:~:text=How%20to%20be,help%20you%20understand

Authentic Leadership: What It Is & Why It's Important | HBS Online. (2019, December 10). Business Insights Blog. https://online.hbs.edu/blog/post/authentic-leadership

Author. (2022, November 2). The Maslow's Hierarchy of Needs for Employee Motivation. Author, T., & Author, T. (2023). 5 Tips to Apply Maslow's Hierarchy of Needs in the Workplace. Techfunnel. https://www.techfunnel.com/hr-tech/maslows-hierarchy-workplace/

AttendanceBot Blog. https://www.attendancebot.com/blog/maslows-hierarchy-of-needs/#How_to_Apply_Maslows_Hierarchy_of_Needs_in_the_Workplace

Behind every woman is a Circle of women. Make it official. (n.d.). Lean In. https://leanin.org/circles?gclid=CjwKCAjwl6OiBhA2EiwAuUwWZS2ZWvHHTI71gvA6jC_QUKKgusLCDhTkOgvlp-Eu87L7FWi4KxsAehoCx-oQAvD_BwE

Bell, J. (2018, August 14). Listening Is An Underrated Leadership Tool. Forbes. https://www.forbes.com/sites/forbesdallascouncil/2018/08/14/listening-is-an-underrated-leadership-tool/?sh=4cb94b042fe5

Bhoumick, P. (2018). It's Really Matter: Review of the book, Emotional Intelligence: Why it can matter more than IQ' by Daniel Goleman. Research Journal of Humanities and Social Sciences. https://doi.org/10.5958/2321-5828.2018.00107.9

Biography: Indra Nooyi. (n.d.). National Women's History Museum. https://www.womenshistory.org/education-resources/biographies/indra-nooyi

Bishop, K. (2022, June 7). Why women have to sprint into leadership positions. BBC Worklife. https://www.bbc.com/worklife/article/20220603-why-women-have-to-sprint-into-leadership-positions

Blakely-Gray, R. (2021). Authenticity in Business: 7 Strategies to Become the Real McCoy. Patriot Software for Small Business https://smallbusiness.patriotsoftware.com/authenticity-in-business/#:~:text=On%20a%20scale,you%20get%20it%3F

Brim, B. B. J., EdD. (2023, March 30). How a Focus on People's Strengths Increases Their Work Engagement. Gallup.com. https://www.gallup.com/workplace/242096/focus-people-strengths-increases-work-engagement.aspx

Boss, J. (2014, June 12). 6 Principles Of A Leadership Legacy. Forbes. https://www.forbes.com/sites/jeffboss/2014/06/12/6-principles-of-a-leadership-legacy/?sh=5f0bc2044a51

Brush, K. (2020). upskilling. WhatIs.com. https://www.techtarget.com/whatis/definit
ion/upskilling?Offer=abt_pubpro_AI-Insider

Boskamp, E. (2023). 35+ Compelling Workplace Collaboration Statistics [2023]: The
Importance Of Teamwork. Zippia. https://www.zippia.com/advice/workplace-collabo
ration-statistics/

Change, I. (2020). What Is Growth Mindset and How to Achieve It. Intelligent
Change. https://www.intelligentchange.com/blogs/read/what-is-growth-mindset-and
-how-to-achieve-it

Cohn, A. (2021, October 11). Don't Let Self-Doubt Hold You Back. Harvard Business
Review. https://hbr.org/2021/02/dont-let-self-doubt-hold-you-back

Conley, M. (2022, March 28). 45 Quotes That Celebrate Teamwork, Hard Work, and
Collaboration.https://blog.hubspot.com/marketing/teamwork-quotes#:~:text=Quotes
%20About%20Collaboration-,%22Alone%20we%20can%20do%20so%20little%3B%20t
ogether%20we%20can%20do%20so%20much.%22%20%E2%80%93%20Helen%20Kelle
r,-%22Talent%20wins%20games

Denker, R. (2017, October 31). 5 Ways To Vastly Improve Your Strategic Visioning and
Leadership. https://www.rdpusa.com/5-ways-vastly-improve-strategic-visioning-leader
ship/

Dweck, C. (2023, April 6). What Having a "Growth Mindset" Actually Means. Harvard
Business Review. https://hbr.org/2016/01/what-having-a-growth-mindset-actually-m
eans

Elder, A. H. A. S. (2017, July 14). Why You Should Become a Published Writer as a
Solopreneur. Entrepreneur. https://www.entrepreneur.com/article/295734

Elliott, E. (2021, December 23). 10 Ways to Be an Authentic Entrepreneur and Sell Your
Best Self. Entrepreneur.

 https://www.entrepreneur.com/leadership/10-ways-to-be-an-authentic-entrepre-
neur-and-sell-your-best/403625#:~:text=In%20short%2C%20cus-
tomers,a%20lot%20earlier.%22

Emotional Intelligence in Leadership: Why It's Important. (2019, April 3). Business
Insights Blog. https://online.hbs.edu/blog/post/emotional-intelligence-in-leadership

Fallon, N. (2023). 35 Inspiring Leadership Quotes. Business News Daily. https://www
.businessnewsdaily.com/7481-leadership-quotes.html

Fateh, A., Mustamil, N., & Shahzad, F. (2021). Role of authentic leadership and personal mastery in predicting employee creative behavior: A self-determination perspective.
Frontiers of Business Research in China, 15(1), 1-16. https://doi.org/10.1186/s11782
-021-00100-1

Find   your   leadership   purpose   and   write   a   leadership   purpose   statement.   (n.d.).   Truist   Leadership   Institute. https://www.truistleadershipinstitute.com/publications-research/media-publicat
ions/find-your-leadership-purpose-and-write-a-leadership-purpose-statement

FutureLearn. (2023, April 14). How to improve leadership skills: 7 top tips – Future-
Learn. https://www.futurelearn.com/info/blog/how-to-improve-leadership-skills#1_I
dentify_your_strengths_and_weaknesses

Future   Talent   Learning.   (n.d.).   What   are   the   top   5
characteristics   of   emotional   intelligence   in   good   leadership? https://www.futuretalentlearning.com/en/future-talent-learning-blog/what-are
-the-top-5-characteristics-of-emotional-intelligence-in-good-leadership

Georgeac, O. a. M. (2021). Are Leaders Rewarded for Taking Risks? Yale Insights. http
s://insights.som.yale.edu/insights/are-leaders-rewarded-for-taking-risks

Goleman, D., Boyatzis, R. E., & McKee, A. (2013). Primal Leadership: Unleashing the
Power of Emotional Intelligence. Harvard Business Press.

Goleman, D. (2023, April 4). What Makes a Leader? Harvard Business Review. https:/
/hbr.org/2004/01/what-makes-a-leader

Goodman, N. (2013, March 14). Train Your Brain to Overcome Fear. Entrepreneur. https://www.entrepreneur.com/starting-a-business/train-your-brain-to-overcom
e-fear/226050

Green, H. (2023, March 29). Active Listening As A Leadership Skill | Vistage. Vistage
Research Center. https://www.vistage.com/research-center/business-leadership/20180
912-active-listening-leadership-skill/

Greenwood, S. (2023, March 1). The gender wage gap endures in the U.S. | Pew Research Center. Pew Research Center's Social & Demographic Trends Project. https://www.p ewresearch.org/social-trends/2023/03/01/the-enduring-grip-of-the-gender-pay-gap/

Hannah. (2020, February 25). Top 10 Quotes for Growth Mindset | SATs Companion. SATs Companion. https://satscompanion.com/top-10-quotes-growth-mindset/

Harper, T. (2021, March 2). Blogging Tips & Events for Content Creators Everywhere | Blogher. Blogging Tips &Amp; Events for Content Creators Everywhere | Blogher. https://www.blogher.com/feature/leadership-skills-of-successful-women-687/

Hickey, K. F. (2016, November 23). 5 lessons from Skillshare: on empowering team members to do their best work. Wavelength by Asana. https://wavelength.asana.com/ workstyle-skillshare/

Herrity, J. (2022). Maslow's Hierarchy of Needs: Applying It in the Workplace. Indeed. com. https://www.indeed.com/career-advice/career-development/maslows-hierarchy-o f-needs

Home - Grace Hopper Celebration. (2023, July 3). Grace Hopper Celebration. https:/ /ghc.anitab.org/

Hopper, E. (2020). Maslow's Hierarchy of Needs Explained. ThoughtCo. https://ww w.thoughtco.com/maslows-hierarchy-of-needs-4582571

Houseofself. (2021). 5 Ways to Reframe Your Fear of Failure. House of Self. https://ho useofself.co.uk/5-ways-to-reframe-your-fear-of-failure/

Ibarra, H. (2019, August 22). Women and the Vision Thing. Harvard Business Review. https://hbr.org/2009/01/women-and-the-vision-thing

Ibarra, H. (2019, February 7). How Leaders Create and Use Networks. Harvard Business Review. https://hbr.org/2007/01/how-leaders-create-and-use-networks

Indeed Editorial Team. (2023). How To Find Purpose in Your Work (Benefits, Steps and Tips). Indeed.com. https://www.indeed.com/career-advice/career-development/purpo se-in-work

Indeed Editorial Team. (2023). How To Leverage Your Strengths in the Workplace. Indeed.com. https://www.indeed.com/career-advice/career-development/leveraging-strengths

Indeed Editorial Team. (2023). 10 Benefits of Effective Communication in the Workplace. Indeed.com. https://www.indeed.com/career-advice/career-development/communication-benefits

Indeed Editorial Team. (2022). What Is Innovative Leadership? Indeed.com. https://www.indeed.com/career-advice/career-development/innovative-leadership

Indeed Editorial Team. (2022). 56 Inspiring Team Communication Quotes To Motivate Your Team. Indeed.com. https://www.indeed.com/career-advice/career-development/team-communication-quotes

James, G. (2021, January 5). Science Says: Women in Business Outperform Men. Inc.com: https://www.inc.com/geoffrey-james/science-says-woman-in-business-outperform-men.html

Journeytoleadershipblog. (2019). The Importance Of Risk Taking In Leadership. Journey to Leadership. https://journeytoleadershipblog.com/2019/04/01/risk-taking-in-leadership/

Karen Salmansohn Quotes (Author of How to Be Happy, Dammit). (n.d.). https://www.goodreads.com/author/quotes/117096.Karen_Salmansohn

Larson, K. (2023, March 8). 31 Big Questions About Business Coaching & Executive Coaching Answered. Champion PSI. https://www.championpsi.com/blog/31-big-questions-about-business-coaching-executive-coaching-answered/

Leadership Courses: Online Training to Inspire and Lead. (n.d.). Udemy. https://www.udemy.com/courses/personal-development/leadership/?search-query=leadership&utm_source=adwords&utm_medium=udemyads&utm_campaign=DSA_Catchall_la.EN_cc.ROW&utm_content=deal4584&utm_term=_._ag_88010211481_._ad_535397282064_._kw__._de_c_._dm__._pl__._ti_dsa-391663266418_._li_9053242_._pd__._&matchtype=&gclid=CjwKCAjw9J2iBhBPEiwAErwpecu9x3qyuhLjWK9TvXOS8IleMt0uQQbPsCof0qicZKOUA503DJXqNhoC5o0QAvD_BwE

Legacy Quotes. (n.d.). BrainyQuote. https://www.brainyquote.com/topics/legacy-quotes

Leverage Your Leadership Skills To Improve Your Impact | How To Be A Leader | Leadership And Management | Leadership Skills | Leadership Development | International Institute of Directors and Managers | IIDM - IIDM Global. (n.d.). https://www.iidmglobal.com/expert_talk/expert-talk-categories/leadership/leadership_skill/id38810.html

Llego, M. A. (2022). The Benefits of Achieving Self-Actualization. TeacherPH. https://www.teacherph.com/achieving-self-actualization/

Kitchens, J. (2022, September 6). How to Be an Adaptable Leader and Use Change to Your Advantage. Entrepreneur. https://www.entrepreneur.com/leadership/how-to-be-an-adaptable-leader-and-use-change-to-your/428557

LinkedIn. (n.d.). https://www.linkedin.com/pulse/do-you-have-fixed-growth-mindset-linda-scott/

LinkedIn. (n.d.). https://www.linkedin.com/pulse/impact-company-culture-employee-retention-business-umbrella/

LinkedIn. (n.d.). https://www.linkedin.com/pulse/maslows-hierarchy-needs-benefits-self-actualized-employees-scott-king/

LinkedIn. (n.d.). https://www.linkedin.com/pulse/5-reasons-why-people-avoid-taking-risks-munyaradzi-demadema/

LinkedIn. (n.d.). https://www.linkedin.com/pulse/3-proven-ways-more-persistent-leadership-john-eades/

Lonczak, H. S., PhD. (2023). 40 Emotional Intelligence Quotes & Do They Ring True? PositivePsychology.com. https://positivepsychology.com/emotional-intelligence-quotes/

Maldonado, Y. (2022, June 6). Over 30% of Americans Suffer From Impostor Syndrome, Study Finds. NBC10 Philadelphia. https://www.nbcphiladelphia.com/news/local/over-30-of-americans-suffer-from-impostor-syndrome-study-finds/3259530/

Mark Zuckerberg Quotes. (n.d.). BrainyQuote. https://www.brainyquote.com/quotes/mark_zuckerberg_453450

McCarthy, D. (2022, December 1). 12 Ways to Become a More Confident Leader – Pragmatic Institute Resources. Pragmatic Institute Resources. https://www.pragmati cinstitute.com/resources/articles/product/12-ways-to-develop-leadership-confidence/

Mcleod, S., PhD. (2023). Maslow's Hierarchy of Needs. Simply Psychology. https://w ww.simplypsychology.org/maslow.html

Mentoring activities: 17 examples to try in your next meeting | Together Mentoring Software. (n.d.). https://www.togetherplatform.com/blog/mentoring-activities-to-try

MindTools | Home. (n.d.). https://www.mindtools.com/aal02x7/essential-negotiation -skills

Morgan, J. (2021, December 16). Why Great Leaders Are Risk-Takers - Jacob Morgan - Medium. Medium. https://medium.com/jacob-morgan/why-great-leaders-are-risk-tak ers-22e031313391

Morgan, O. (2021). How to Define Your Purpose as a Leader — Morgan Latif. Morgan Latif. https://morganlatif.com/resources/how-to-define-your-purpose-as-a-leader

Morin, A. (2023). Growth Mindset: How to Develop Growth Mindset. Understood. https://www.understood.org/en/articles/growth-mindset

MSEd, K. C. (2022). Maslow's Hierarchy of Needs. Verywell Mind. https://www.very wellmind.com/what-is-maslows-hierarchy-of-needs-4136760

Nemeth, A. (2020, April 16). 20 Quotes to Inspire You to Find More Purpose in Your Work. MovingWorlds Blog. https://blog.movingworlds.org/purpose-at-work-quotes/

Ntsoane, M. (2023, July 15). Helpful tips to discover your PURPOSE as a leader - Esme Witbooi Coaching. Esme Witbooi Coaching. https://www.esmelifecoaching.com/help ful-tips-to-discover-your-purpose-as-leader/

Patel, N. (2020). Truth Will Out – Why Authenticity is the Key to Growing Your Business. Neil Patel. https://neilpatel.com/blog/truth-will-out/

Patterson, A. R. (2023, July 6). Richard Patterson. NetLdn. https://netldn.uk/author/ richardpattersonnz/

Pew Research Center Finds Gender Pay Gap Has Barely Budged in Past 20 Years. (2023). Lexology. https://www.lexology.com/library/detail.aspx?g=8ad4ecf7-7bff-4ffe-afcf-3cf 1f05482d8

Pierce, M. (2022, July 28). How to Leverage Your Leadership Style for Business Success - Addicted 2 Success. Addicted 2 Success. https://addicted2success.com/success-advice /how-to-leverage-your-leadership-style-for-business-success/

Risks Quotes. (n.d.). BrainyQuote. https://www.brainyquote.com/topics/risks-quotes

Robbins, M., & Robbins, M. (2022). The Trap of Comparison with Others. Mike Robbins | Infusing Life and Business With Authenticity and Appreciation. https://mike-ro bbins.com/the-trap-of-comparison/ Tech, F. (2020). null. Florida Tech Online. https:/ /www.floridatechonline.com/blog/business/problem-solving-a-critical-leadership-skill/

Ruderman, M. (2022). How to Increase Your Resilience as a Leader. CCL. https://ww w.ccl.org/articles/leading-effectively-articles/4-tips-will-increase-resiliency-leader/

Runyon, M. (n.d.). How active listening can make you a better leader. The Enterprisers Project. https://enterprisersproject.com/article/2021/11/how-active-listening-c an-make-you-better-leader

Ruth Bader Ginsburg Tells Young Women: "Fight For The Things You Care About" | Radcliffe Institute for Advanced Study at Harvard University. (n.d.). Radcliffe Institute for Advanced Study at Harvard University. https://www.radcliffe.harvard.edu/news-an d-ideas/ruth-bader-ginsburg-tells-young-women-fight-for-the-things-you-care-about

Schinkel, M. (2023, July 20). 9 Tips for Leading with Integrity - ACHIEVE Centre for Leadership. ACHIEVE Centre for Leadership. https://achievecentre.com/blog/9-tips -for-leading-with-integrity/

Scott, L. (n.d.). Do you have a fixed or a growth mindset? www.linkedin.com . https://www.linkedin.com/pulse/do-you-have-fixed-growth-mindset-linda-scott/?trk =articles_directory

Sharon. (2023). Great Leaders Take Risks. SIGMA Assessment Systems. https://www. sigmaassessmentsystems.com/great-leaders-risk-taking/

Simkins, M. D. (2021, January 5). How Successful Leaders Overcome Self-Doubt. Inc .com. https://www.inc.com/melissa-dawn-simkins/4-ways-to-crush-self-doubt-when-your-inner-critic-gets-best-of-you.html

Slack. (n.d.). Collaborative leadership: an inclusive way to manage virtual teams. Slack. https://slack.com/blog/collaboration/collaborative-leadership-top-down-team-centric

Staff, L. E. (2023). The Top 6 Rules of Leadership Networking. CCL. https://www.ccl.org/articles/leading-effectively-articles/top-6-rules-leadership-networking/

Staff, L. E. (2023). 15 Tips for Effective Communication in Leadership. CCL. https://www.ccl.org/articles/leading-effectively-articles/communication-1-idea-3-facts-5-tips/

Staff, L. E. (2022). 8 Steps to More Resilient Leadership. CCL. https://www.ccl.org/articles/leading-effectively-articles/8-steps-help-become-resilient/

Strategic thinking skills | Robert Half. (2021, September 6). https://www.roberthalf.co.nz/career-advice/career-development/strategic-thinking-skills

Susancfoster. (2020). 7 Leadership Skills of Successful Women. LH AGENDA. https://lhagenda.com/career/7-leadership-skills-of-successful-women/

Technavio. (2020, May 11). Global Corporate Leadership Training Market 2020-2024 | Increased Spending on Corporate Leadership Training to Boost Market Growth | Technavio.   Business   Wire. https://www.businesswire.com/news/home/20200311005401/en/Global-Corporate-Leadership-Training-Market-2020-2024-Increased-Spending-on-Corporate-Leadership-Training-to-Boost-Market-Growth-Technavio

Thakrar, M. (2020, January 16). How To Become An Adaptable Leader. Forbes. https://www.forbes.com/sites/forbescoachescouncil/2020/01/16/how-to-become-an-adaptable-leader/?sh=74f3c11c14b6

Tina. (2023). Leadership Statistics: Demographics and Development in 2023. TeamStage. https://teamstage.io/leadership-statistics/

Tonya.Johnson. (2023). 12 tips for overcoming imposter syndrome in leadership. Fast Company. https://www.fastcompany.com/90862289/12-tips-for-overcoming-imposter-syndrome-in-leadership

Top 10 Skills for Aspiring Female Leaders | The International Educator (TIE Online). (n.d.). https://www.tieonline.com/article/3247/top-10-skills-for-aspiring-female-leaders

TOP 25 QUOTES BY MAYA ANGELOU (of 1010) | A-Z Quotes. (n.d.). A-Z Quotes. https://www.azquotes.com/author/440-Maya_Angelou

Trust in the Workplace: 10 Steps to Build Trust with Employees. (n.d.). https://www.yourthoughtpartner.com/blog/bid/59619/leaders-follow-these-6-steps-to-build-trust-with-employees-improve-how-you-re-perceived

Uță, I. (2023, June 16). 12 Leadership Styles for Successful Leaders (complete list) with Pros & Cons - BRAND MINDS. BRAND MINDS. https://brandminds.com/12-leadership-styles-for-successful-leaders-complete-list-with-pros-cons

Valamis. (2023, April 19). Leadership Communication. Valamis. https://www.valamis.com/hub/leadership-communication

Valamis. (2023, March 20). Emotional Intelligence in the Workplace. Valamis. https://www.valamis.com/hub/emotional-intelligence-in-the-workplace

Wallbridge, A., & Wallbridge, A. (2023). The Importance Of Self-Awareness In Emotional Intelligence. TSW Training. https://www.tsw.co.uk/blog/leadership-and-management/self-awareness-in-emotional-intelligence/#:~:text=Self%2Dawareness%20is%20the%20ability,of%20other%20%E2%80%9Csoft%20skills%E2%80%9D

Weller, C., Hickey, W., Kiersz, A., & Su, J. L. (2021, May 29). Most Americans are burned out from the pandemic. These charts reveal the biggest stressors we're facing right now. Business Insider. https://www.businessinsider.com/american-burnout-survey-results-age-race-job-region-covid-2021-5#:~:text=There%27s%20a%20stark%20gender%20gap%20in%20self-reported%20burnout.,out%2C%20compared%20to%20only%2055%25%20of%20male%20respondents.

What Authentic Leadership Is and Why Showing Up As Yourself Matters. (n.d.). https://www.betterup.com/blog/authentic-leadership

Why Authenticity in DEI Practices in the Workplace Leads to Good Business. (n.d.). https://partnerstack.com/articles/dei-practices-authenticity-workplace-matters

Why diversity matters. (2015, January 1). McKinsey & Company. https://www.mckinsey.com/capabilities/people-and-organizational-performance/our-insights/why-diversity-matters

Why consistency is important in leadership. (n.d.). https://www.morningcoach.com/blog/why-consistency-is-important-in-leadership

Women in Leadership - How to Promote? (n.d.). Tutorialspoint. https://www.tutorialspoint.com/women_in_leadership/women_in_leadership_how_to_promote.htm

WomensMedia. (2021, February 1). Leadership When You Have Imposter Syndrome. Forbes. https://www.forbes.com/sites/womensmedia/2021/02/01/leadership-when-you-have-imposter-syndrome/?sh=5c7076387195

Zenger, J. (2021, March 24). The Extremely Curious Case Of Women's Strategic Thinking. Forbes: https://www.forbes.com/sites/jackzenger/2021/03/24/the-extremely-curious-case-of-womens-strategic-thinking/?sh=53dea236c1c6

Ziegler, P. (2022, December 22). How To Become An Inspirational Female Leader In 2023? Best Diplomats | Diplomatic Conferences | New York. https://bestdiplomats.org/how-to-become-inspirational-female-leaders/

4 Ways to Conquer Your Fears and Take Smarter Risks | BusinessCollective. (2013, November 14). BusinessCollective. https://businesscollective.com/4-ways-to-conquer-your-fears-and-take-smarter-risks/index.htm

5 Benefits of Effective Leadership Communication. (n.d.). SMU Academy. https://academy.smu.edu.sg/insights/5-benefits-effective-leadership-communication-7826

7 steps to leaving a lasting legacy | Tony Robbins. (2023, June 2). tonyrobbins.com. https://www.tonyrobbins.com/business/how-to-leave-a-legacy/

8 Essential Leadership Communication Skills | HBS Online. (2019, November 14). Business Insights Blog. https://online.hbs.edu/blog/post/leadership-communication

8 Leadership Qualities to Motivate Your Team | DeakinCo. (2023, May 3). DeakinCo. | Powering Workplace Performance. https://deakinco.com/resource/8-leadership-qualities-to-motivate-and-inspire-your-team/

www.ingramcontent.com/pod-product-compliance
Lightning Source LLC
Chambersburg PA
CBHW071201120626
46546CB00006B/2367